思想觀念的帶動者

文化現象的觀察者

本土經驗的整理者

生命故事的關懷者

心靈工坊 PsyGarden

SelfHelp

顛倒的夢想，窒息的心願，沉淪的夢想
為在暗夜進出的靈魂，守住窗前最後的一盞燭光
直到晨星在天邊發亮

陪孩子面對霸凌

父母師長的行動指南

The Bully, the Bullied, and the Bystander:

from preschool to high school—how parents and teachers can help break the cycle of violence

芭芭拉・科婁羅索 Barbara Coloroso 著

魯宓、廖婉如 譯

各界推薦

蔡炳坤（台中市副市長）

正當校園霸凌議題廣爲社會大衆所矚目，並討論得沸沸騰騰之際，心靈工坊出版了這本談論校園霸凌的專書，與其說是巧合，不如說是機緣。巧合，只是可遇不可求；但機緣，可以是藉機（把握機會），也可以是俟機（掌握先機）。換言之，這是一個關鍵時刻，藉著大家共同關注校園霸凌議題，政府部門、學校、民間團體紛紛發起「反霸凌」活動的當下，抓住民氣可用的良機，將一直存在於校園中的霸凌問題，透過本書的理論探究與實務分析，進一步思考解決之道，應是本書出版的重要意義。

霸凌者、被霸凌者與旁觀者，可以說是三位一體，不同的台詞，訴說著相同的悲劇人生（霸凌者無知、被霸凌者無奈、旁觀者無力），沒有人是贏家。言語霸凌、肢體霸凌與人際關係霸凌，可以說是一體三位，相同的台詞，道盡了不同的悲劇形式（言語霸凌傷心、肢體霸凌傷身、人際關係霸凌傷人），個個都是輸家。這些活生生在校園中持續上演的戲碼，我們並不陌生，因爲我們是曾經被霸凌的一代。作爲曾經被霸凌的一代，我們的記憶中多少還殘留著一些不愉快的經驗，就像「體罰」一樣，除非這一代已經沒有被體罰的經驗，否則我們很難眞正杜絕掉「體罰」事件的發生。同樣的道理，面對「霸凌」，我們不能袖手、輕忽，也沒有延宕、遲疑的時間，就從這一代開始，讓我們以愛和尊重當種子，做到「零霸凌」，才能眞正落實「營造友善校園，重振校園倫理，禁絕霸凌行爲」，我相信這也才是本書出版的最高期待。

李雅卿（種籽親子實驗小學創校人，曾任北市自主學習〔國高中〕六年一貫實驗計畫主持人、自主培力學園主持人）

任何學校，除非可以確保其間的孩子和大人，都能免於身心的恐懼，進而學習同理、愛與尊重，否則我們就不配稱自己爲「教育場所」，更不可能傳承文明之火。

以前有人告訴我，消除校園暴力是不可能的，經過小學、中學、中途學校的辦學經驗，我確信這個說法不眞。

我們的作法和本書所言大略相同，也就是讓生活其間的人都了解霸凌背後的心理動力，進而爲所當爲。那麼，這些破壞性的力量，就能轉爲正向能量，讓自己和他人都活得更好。

楊俐容（親子教育專家）

人類歷史長河裡，暴力從來不曾缺席；孩子成長過程中，欺負也永遠不會絕跡。然而，隨著時代變遷，欺負進化為霸凌，不僅工具愈多元、手法也更殘暴，對遭受霸凌的孩子來說，那是一種威力強大、傷害極深，甚至足以致死的心理病毒。

欺負源於人性，但人性可貴之處就在於能夠經由反思自我超越。本書嚴正揭露霸凌的不正當性、指出旁觀者的共犯效應，並提供實用的對策與工具，展現的是反思的典範，值得所有關心孩子成長的大人深入閱讀、付諸行動。

蔡穎卿（作家）

霸凌不是一份自創的行為，它是經驗的複製；是惡意對待生命的變本加利。事實上，霸凌時常以不同程度的輕重出現在我們自身或周遭，如果訂一個能供我們檢視的標準，相信霸凌最簡單的定義就是：對發出者來說輕而易舉，對承受者來說很具傷害性；只因我們常忘記這個標準如此之低而影響如此之深，因此霸凌就沒能成為日常自省的習慣，家庭可以說是它的病灶。

當校園發生了嚴重的霸凌事件時，每個家長都很擔心、痛苦，社會開始關注各種調查、主張，而我們也熱衷於事件的討論，但這樣的關注能改善多少霸凌的狀況？會不會還有比提數據與討論更重要的事情該做，那就是整個社會像注重環保那樣，全面地從生活中幫助孩子重建對紀律的深度認識；而重建的方法就從自己下定決心當一個好大人開始——一個示範良善心意與端正行爲的「好大人」。

我建議讀這本書的時候，不要只進到「現象觀察」這一個層次，也不要只把書中的例子用來告誡孩子，或把方法建議當成規條來執行，比這兩層更有意義的，是穿透書中的例子，把其中的分析與建議方法重疊於自己的生活狀況，深刻地理解與自省。如果因爲這本書，我們能看到自己雖然有心於教養，卻在無意中常發出霸凌的電波，並願意把自己的家庭改變爲更溫良、更安人心的行爲學習地，那麼這本書的影響才算眞正開啓。

謝國清（全國家長團體聯盟理事長）

「霸凌」問題使教育單位疲於奔命，中央及地方首長紛紛在開學週踴躍曝光進行反霸凌宣示，然而熱鬧宣示過後又應如何落實「霸凌防治」呢？而當大家把焦點放在輔導人員、心理師、諮商師進駐校園時，與「霸凌者」及「被霸凌者」最相關的父母又該如何面對霸凌議題呢？

我認爲父母應深刻理解霸凌的成因及其負面影響，與學校共同解決問題，但更重要的事，父母除了扮演共同解決者外，更應擔任防止霸凌的關鍵者角色，而要防止霸凌發生，則必須深刻了解孩子的心理、同理孩子的處境、讓孩子願意對父母傾吐心事，然而這需要父母學習如何對待與自己不同世代的孩子，學習如何與孩子溝通，學會傾聽孩子的心聲，事實上，這也是父母與孩子共同學習成長的寶貴經歷。

這本書不但敘述各種霸凌的成因及現象，也教導父母如何面對孩子以防止霸凌發生。另外，它以淺顯、活潑的案例進行說明，適合家長閱讀；當然，我也推薦給所有教育人員，因爲，學校除了面對霸凌並尋求解決之道外，也應了解父母在此議題上的重要性，進而能積極尋求家長共同面對並解決霸凌問題。

吳齊殷（中央研究院社會學研究所研究員）

本書可說是有關「霸凌」現象的全方位百科全書。對當代台灣社會處理霸凌現象的手足無措，可謂空谷足音。本書內容很詳細地觀照到「霸凌」的構成要件，亦即，霸凌者、被霸凌者及旁觀者；更難能可貴的，本書確實觸及了「霸凌」事件的核心事實：霸凌不是發生在眞空中，而是發生在「參與霸凌事件所有人員」所交織的社會脈絡中。更具體地說：霸凌事件是在孩子們的社會關係網絡中所產生的「失調」結果。對學校相關教輔人員、對爲人父母者，乃至對社會中的每個人，本書都將有振聾發瞶的啓迪作用，值得細讀。

目錄

我認為我們衡量自己的良善，不能根據我們沒做的、我們所克制的、我們所抗拒的，以及我們所排斥的；反而是要根據我們所擁抱的、我們所創造的，以及我們所包容的。

——皮耶・亨利（Pierre Henri），電影「濃情巧克力」（Chocolat）

獻給大衛・肯特，
他要我寫這本書，
並信任我寫得出來。

前言

我永遠記得，永不忘記：
週一：我的錢被偷。
週二：被嘲笑。
週三：我的制服被扯破。
週四：我流血。
週五：結束了。
週六：解脫。

——維傑・辛（Vijay Singh）十三歲，日記最後幾頁。
週日，家人發現他上吊於家中的欄杆扶手。

——尼爾・馬爾（Neil Marr）、提姆・菲爾德（Tim Field），
《受凌而自殺，下課時的死亡：探討由霸凌導致的孩童自殺》

（*Bullycide, Death at Playtime: An Expose of Child Suicide Caused by Bullying*）

霸凌是生死交關的議題，我們卻忽略而危及我們的孩子。如今成人不能再低估、看輕此事，擱置一旁或加以否認。成千上萬名孩童每天上學都充滿恐懼；有些學生假裝生病，以免在上學途中，或在學校操場、走廊或廁所中遭到嘲笑或攻擊；有些學生在學校裝病，避免在更衣室被騷擾。被霸凌的孩子花很多時間想辦法逃避被欺負，沒有什麼力氣學習。

不僅是被霸凌的孩子受苦，許多霸凌者把這種學來的行爲帶到成年，因此可能對自己的孩子霸凌，在個人關係上失敗，丟掉工作，最後入獄。旁觀者也受到霸凌的影響。他們也許看到霸凌，掉頭走開，或加入成爲同夥，或主動阻止，幫助被霸凌的孩子。這些選擇都要付出代價。

打破霸凌的循環，需要的不僅是找出與阻止霸凌，還需要檢視孩子爲何成爲一個霸凌者，或被霸凌的對象（有時兩者皆是），以及旁觀者如何助長這個循環。要命的組合是：有一個爲所欲爲的霸凌者；一個畏懼表達的被霸凌對象；袖手旁觀或參與的旁觀者；成年人把霸凌視爲遊戲，認爲是成長必經的過程——「男孩就是這樣」——而不是弱肉強食的攻擊本質。

如果這個組合關係沒有徹底改變，已有足夠的例子讓我們相信，不僅是霸凌會威脅到社會，受害者的哭喊無人聽見，痛苦被忽略，壓迫沒有解除，他們最終所展開的憤怒報復，將使社會承受難以想像的恐怖與悲傷。有些人則像維傑・辛，陷入了徹底的絕望，覺得無法逃出痛苦與折磨，無人可投靠，無人可傾訴，於是走上悲劇的絕路——自殺。

- 一九九九年一月，英國曼徹斯特：八歲大的瑪麗・賓罕在臥室用跳繩上吊自盡，因為她無法再面對學校的霸凌。據說瑪麗是英國最年幼的霸凌受害者。
- 一九九五年一月，愛爾蘭貝爾法斯特：瑪麗亞・麥高文遭到霸凌後服藥過量。她留下的日記寫著同學每天如何欺負她的恐怖行徑。
- 一九九七年四月，英屬哥倫比亞省納納米歐：一個四年級小學生對另一個嘲笑他的孩子拔刀相向。他母親說揮刀的兒子被同學欺負了一年，「他放棄了所有的支持，不肯做功課，希望離開學校——他總是滿懷憤怒，只有在家裡才不會被欺負。」揮刀事件之後，孩子與家人必須去上憤怒管理課程。學校沒有立刻懲罰對他霸凌的孩子。
- 一九九七年八月，紐西蘭英佛卡吉：十五歲大的馬特盧・登羅自盡。驗屍官報告寫著：「孩子自殺之前數月，霸凌與受害是很明顯的因素。」
- 一九九七年十一月十四日，英屬哥倫比亞省維多利亞：十四歲大的蕾娜・維克被同學拐走，攻擊、毆打至不省人事，死亡。蕾娜的手、脖子與背都骨折，然後被棄於溪谷入口。她很想融入同學之中，但因為褐膚色與體重常遭人嘲笑。最讓人吃驚的是有數百名同學都心知肚明，甚至知道她死亡，最後才有人去報警。把蕾娜拐到溪谷的同學中，有兩名女孩遭判處一年監護，一年緩刑。其中十四歲的女孩說她很氣蕾娜，因為她認為蕾娜散播有關她的謠言。另一位十六歲的女孩說她認為蕾娜勾引了她男友。

● 一九九九年四月二日，科羅拉多州利多頓：艾瑞克・哈里斯與迪蘭・科伯用槍枝與自製炸彈攻擊了就讀的高中，結果造成十二名同學與一名老師死亡，十八名學生受傷，最後自殺。

朋友說這兩個男孩在學校經常受到嘲弄。一位同學沒有根據地匿名指控艾瑞克與迪蘭帶大麻到學校，導致他們遭受搜查。然後又發生另一件更羞辱的事：「學生在餐廳包圍他們，把蕃茄醬潑到他們身上，嘲笑他們，叫他們同性戀。老師就在一旁觀看。他們無法還手；一整天身上都有蕃茄醬，直到回家。」

在艾瑞克留下的遺書中，顯然是他與迪蘭受夠了霸凌，覺得「報仇的時間」到了。

● 一九九九年四月，亞伯達省塔伯：一位十四歲的「在家」學生（因為害怕學校，他在家裡上學）走進高中的走廊，開槍射殺一位十七歲學生，又射傷另一位，然後才羞怯地投降、交出手槍。同學說他是「大家的出氣筒」。一位學生說：「他有時被鎖進置物櫃中。他們想激他打架，可他只是逆來順受，他們也知道他不會還手的。」

槍擊事件之前的夏天，一次郊遊時，「新來的這個學生」受困在石壁上，無法往上爬，也無法下來。同學在下面嘲笑他，沒有人願意幫助他。

- 二〇〇〇年三月，英屬哥倫比亞省薩里：十四歲大的哈米·納提從帕圖羅大橋跳下而死。他留下五頁筆記給家人，描述讓他自殺的霸凌行徑：「媽，我在學校被同學取笑，同班同學，甚至我朋友都嘲笑我。他們總是叫我四眼田雞、大鼻子、書呆子。」他母親說哈米的最後一個願望是人們別再彼此騷擾，要明白嘲笑真的會傷人。

哈米的朋友們覺得無法阻止嘲笑，「所有人都會被霸凌，只是對哈米的太超過了。我們不再嘲笑他，但其他人沒有發覺，結果做得太過分把他逼上絕路了。」

- 二〇〇〇年十一月十日，英屬哥倫比亞省教會市：十四歲的唐瑪麗·衛斯理用狗鍊在臥室上吊自盡，留下的遺書指出學校的三個女生用霸凌來「殺她」：「如果我去求救就會更糟。她們總是想揍新同學，她們是最兇的女生。如果我告訴老師，她們會被停學，更沒有人能阻止她們了……我好愛你。」後來遺書中點名的女孩都被停學了。

●二〇〇一年一月，科羅拉多州霍約克：十四歲大的米蘭達．威塔克在家中舉槍自盡。她的父母控告學校人員未能為他們的女兒「嚴肅處理性侵害事件」，並指控教育局「未能提供女兒安全的學習環境，免於性侵害」。根據控告狀，米蘭達在十二歲時指控十六歲的體育明星學生強暴了她。被告承認二級性侵害有罪，被判處四年緩刑與延緩判刑（後來他被控強暴另一名女孩，還讓她受孕。親子鑑定證明他是父親）。米蘭達的父母指控校方，沒有阻止其他學生與教師嘲笑、騷擾他們的女兒米蘭達為「蕩婦」與「妓女」，怪她讓明星運動員成為強暴犯。在法庭上，父母說米蘭達的籃球教練（清楚表明她支持那個男孩）強迫她在班上站在強暴者的旁邊，即便禁止令要求他不能出現在她視線範圍之內。可是校方否認有任何疏失。

●二〇〇一年三月，加州桑提：安迪．威廉斯，十四歲的高中新生帶著一把槍到學校，殺死了兩名同學，射傷十三名同學，以及數名成人。朋友說常常有人找他麻煩，「他很瘦，有人叫他『厭食安迪』。」他哥哥麥可說安迪常被嘲笑：「他有雙大耳朵，很瘦。大家喜歡嘲弄他。從我有記憶開始就是如此。」

「他總是被嘲弄，那麼瘦小。」朋友尼爾・歐蓋迪說，「大家覺得他很笨。最近，他有兩個滑板被偷了。」另一位青少年承認，「我們常虐待他，我是說口頭上。我有一次叫他瘦同性戀。」

- 二〇〇一年三月七日，賓州威廉港：伊莉莎白・布希，十四歲的八年級生，把父親的槍帶到學校，射傷一位據說背叛了她、加入霸凌的朋友。那群人總是嘲笑她，說她「白痴，愚蠢，肥胖，醜陋」。
- 二〇〇一年十一月，日本東京：一個小學生刺傷了同學，想阻止數月以來的霸凌。
- 二〇〇二年四月八日，新斯科西亞省：受人歡迎、活潑外向的艾莫特・法利克在臥室舉槍自盡。他留下的遺書說無法再也忍受同學的霸凌。據說艾莫特被其他青少年威脅、勒索與毆打。

來自世界各國的個案不勝枚舉，這些案例的共同之處是孩子們遭到無情的霸凌，而大多數的霸凌都沒有遭遇具體行動的反對、不滿、適當的干預。最終的暴力行爲讓我們震撼，但我們卻很少對導致最終暴力的事件感到憤怒。重要的是，這些悲劇結局是可以避免的。霸凌是學來的行爲。如果能學來，就能受到檢視、改變。不管你是處理長期或逐漸形成的問題，或擔心你的孩子顯露早期的警訊——在孩子或他們的朋友上看到讓你擔心的行為——這本書可以提供幫助。

我們無法靠自己生活。我們與其他人有無數的聯繫；在這些聯繫中，如交感神經般，我們的行動是前因，將來會以後果的形式回到我們身上。

——梅爾維爾（Herman Melville）

當一個人的尊嚴與安全受到攻擊，全體的尊嚴與聯繫都受到傷害。

——威廉·布考斯基（William M. Bukowski）、羅瑞·席波拉（Lorrie K. Sipploa），〈團體，個人與受害：同儕系統的檢視〉（《校園同儕騷擾》〔*Peer Harassment in School*〕）

第一部

霸凌者、被霸凌者，以及旁觀者

對於霸凌者、被霸凌者，以及沉默的袖手旁觀者，我發現自己有時好奇，有時吃驚，大多數時候憤怒。我們缺乏以和平有效的方法來處理霸凌，即便新聞頭條不斷提醒我們。被霸凌者時常跨過界線，變成霸凌者。因為被霸凌者受到否定、排擠、嘲弄、放逐、身體遭受攻擊，就有理由用暴力報復，這只是我們所擁抱的一種自我墮落觀念，創造出比疾病本身還惡劣的解藥。

——黛安．瑞斯（Dianne Reeves），寫給作者的一封信

【第一章】

三個角色與一場悲劇

整個世界是一個舞台，
所有男女都是演員。
他們有出場與進場的時間，
有一個人同時扮演許多角色……

——莎士比亞，〈皆大歡喜〉（As You Like It），第二幕，第七景

霸凌者、被霸凌者與旁觀者是一場悲劇的三個角色，每天都在家中、學校、遊樂場與街道上演。如前言中的案例清楚顯示，這場戲是眞實的，後果可能致命。扮演「霸凌者」的孩子在穿著言行上都要符合，「被霸凌者」與「旁觀者」也是如此。這些元素加起來的舉止、言語、行動與後果是本書所要探討的。大多數孩童都嘗試過這三個角色，扮演起來都相當容易，然後他們放棄了「霸凌者」與「被霸凌者」的角色，成爲旁觀者。

有些孩童扮演霸凌者與被霸凌者，輕鬆地在兩者間轉換。有些被定型，覺得無法掙脫自己所擅長的，沒有機會發展更有建設性的社交能力。

定型涉及到言語的問題。我擔任過教師，看到人們非常容易、有效、但沒有建設性地把言語當成速成工具來診斷，把孩子套入一個模式，用字眼來涵蓋孩子的整體身分。有糖尿病的孩子被稱爲「糖尿病患」，有癲癇的孩子是「癲癇病患」，有氣喘的孩子是「氣喘病患」，有學習障礙的孩子是「學習障礙孩童」。事實上，我們需要更多的努力、更多的字眼來描述癲癇的孩子、氣喘的孩子或是有學習障礙的孩子，不讓疾病或障礙來界定孩子。

因此有人認爲把霸凌事件的參與者貼上標籤會定型他們，等於是不讓他們擺脫負面的角色。這些作者寧願專注於改變行爲，避免爲參與者貼上「霸凌的人、被霸凌的人、旁觀的人」等標籤，好讓參與或承受霸凌的人有其他的選擇。

有些人則刻意用標籤定型孩童，以是非善惡的觀點來看霸凌問題，成爲好人／壞人的劇本：「霸凌者與受害者；怪罪與羞愧的遊戲。」在這種觀點中，是他們與我們的敵對——剷除霸凌，就可以消除問題。

第三個選擇是用標籤來辨別特定的角色與行爲特徵，也是本書的方法。當本書使用霸凌者、被霸凌者或旁觀者，是爲了刻意辨別一個孩童在一齣長戲中某一幕、某一景所扮演的角色，不是要界定或永久標籤孩童。目標是更淸楚了解這些角色與角色扮演的互動，雖然這在我們文化中很常見，卻是不健康、不正常的，當然也是不必要的；事實上對扮演這三種角色的孩童都可能造成極大的傷害。

我們一旦了解這些角色，就可以改寫劇本，創造不一樣且更健康的角色，不需要藉口，沒有暴力。我們可以把霸凌者的控制行為疏導為正面的領袖活動，被霸凌者的非攻擊行為可以得到認知，發展為毅力；旁觀者的角色可以轉變為見證的人：願意挺身直言，以行動來反對不公。

我們的孩童不僅是照劇本表演，他們是實際活出劇本。他們不能在表演後回家「變得眞實」，因為家也是他們的舞台。但劇本可以改寫，創造新角色，改變情節，重設舞台，刪除悲劇的結局。演員無法自己這麼做。身為成人的我們必須離開座位，不能再當被動、冷漠、感到無趣危險，或深深哀傷的觀衆。我們不能離開，結束表演，或移到別的地方，換句話說我們不能只是驅逐霸凌者，為被霸凌者哀傷。我們要放棄的是這個角色，而不是放棄孩子。我們的孩子需要新的劇本，成人可以主動參與全面的改寫。但在開始改寫之前，我們需要分析與了解原本的悲劇。

悲劇的場景

霸凌者、被霸凌者與旁觀者合演的是一齣有許多版本的劇幕，有同樣的悲劇主題，不同的演員，穿不同的戲服，說著不同的對白。

場景如下：

- 一個獎勵霸凌者、怪罪受害者的文化。
- 學校假裝沒有霸凌問題，有完整結構的學生黨派階級，缺乏有效的政策、程序或方法來處理霸凌。
- 父母以身作則或在家中教導入門霸凌。
- 成人看不到或聽不到被霸凌孩童的哭聲。

第一幕：觀察環境

霸凌者觀察遊樂場，找出其他的角色，辨識可能的目標，並看著觀眾，看是否有成人注意。

被霸凌者在校園牆邊拍打著球，沒注意霸凌者正觀察著自己。

旁觀者正在打籃球，笑鬧著，玩得很開心。

第二幕：測試

霸凌者碰撞目標，彷彿是不小心的，觀察被霸凌者與旁觀者的反應；用粗魯的字眼來侮辱目標。

被霸凌者聳一下肩，退縮了，心中有不自在的恐懼感，但不知道如何反應。

旁觀者也許轉頭，也許笑出來，支持認可霸凌者。對某些人而言，這是一種娛樂。

第三幕：行動

霸凌者推了被霸凌者，把目標當成嘲弄的物件，而不是同儕；搶走球，丟到遊樂場另一邊。

被霸凌者怪自己受到欺負，以言語對自己霸凌（我是個蠢蛋，我很軟弱，我什麼都不是），怪自己無能，感到無力對抗霸凌者，試著合理化，認爲霸凌者不是眞的想傷害他。

有些旁觀者走開，對未能阻止霸凌而內疚；他們感到無助，也害怕，擔心自己會是下一個。其他旁觀者加入，用言語嘲笑目標，開始踢起球來。這種消除人性化（depersonalization）與麻木化（desensitization）的過程，讓霸凌者與旁觀者都能對被霸凌的孩童施以更嚴重的暴力攻擊行爲。

第四幕：壯膽

霸凌者找到新機會來嘲笑、折磨被霸凌的孩子。他的肢體變得更暴力，用更多傷害來威嚇目標。他感覺自己在傷害目標時的力量、興奮與快樂。

被霸凌者在上課時思索如何逃避霸凌者。他無法專心於課業，感到虛弱，找藉口逃避去操場、廁所與餐廳；感到無助與絕望。

旁觀者再次分爲兩個陣營：一群人避開與霸凌者衝突；另一群人加入霸凌者。兩群人都畏懼霸凌者，認爲只要把目標的受罪合理化——他是自討苦吃，他是個懦夫，不屬於自己的一群——霸凌者就不會找上他們。

第五幕：痛苦的顛峰

霸凌者繼續折磨傷害目標，愈來愈惡劣。他成爲霸凌的定型角色，無法發展出健康的關係，無法設身處地，缺乏同理心，覺得自己很有力量，很受歡迎。他的地位感、缺乏包容、排擠他人的樂趣，是他的名聲標誌。

被霸凌者陷入更深的沮喪與憤怒——對自己、對霸凌者、對旁觀者感到氣憤，也氣憤成人無法或不願幫他。因爲他時常缺課，上課時也不專心，成績很差——形成另一個壓力與羞愧的來源。他無法想出建設性的方法來掌控生活，開始花時間思索報復的方法，也許加入一群「邊緣人」，一起想出報復的計畫，或者更退縮孤立，放逐自己。

旁觀者會有四種作法：1.繼續畏懼霸凌者，怪罪目標成爲受害者；2.加入霸凌者；或3.沒看到其他人干預，聳聳肩，覺得無力阻止霸凌者；或更糟的，4.感覺沒必要阻止。

第六幕：結局

霸凌者成長時對自我感覺很不良，阻礙社交能力，對任何刺激、輕視或自以爲的挑釁都採取暴力反應。霸凌成爲他私人、社交與工作關係上的模式。他覺得霸凌是正常的，以藉口來合理化，來減少其傷害性。他可能霸凌自己的孩子，繼續暴力循環，變成犯罪行爲，最後去坐牢。

被霸凌者不信任成人能保護或幫助他，因而離開了健康的同儕關係，願意不擇手段來消除痛苦。被壓抑的憤怒可能爆發成攻擊霸凌者與所有幫助霸凌的人、袖手旁觀的人，以及沒有保護他的成人。在另一個場景中，被霸凌的孩子往內爆發憤怒，以自盡來消除痛苦。第三個結局綜合了另外兩個結局，在今日時可聽聞，被霸凌者展開大殺戮，然後自盡，或被關進監獄，結束自己的人生。

旁觀者可能身陷戰火，長大後內疚當時沒有干預，或變得對暴力麻木，把霸凌低估或合理化，認爲是孩童的一個階段——沒什麼大不了的，只是讓孩子勇敢的一個方法。他們把這些看法灌輸給孩子，於是舞台準備重演。

把「男孩」換成「女孩」；把肢體霸凌變成嘲笑、謠言與中傷；改變被霸凌的孩子的理由——如種族、性別（包括性傾向）、宗教、身體特徵或心智能力——就有了全新的一齣戲，同樣的主題、場景與悲劇結局。

這場悲劇上演的時間太久了。

在第一部剩下的篇幅，我們將討論三個主角——他們的化妝、他們的對白、他們的行動、他們對彼此的影響，以及他們一起創造的暴力循環，還有助長這種循環的危險迷思。在第二部，我們將探討家庭、學校與社區如何參與演出，爲霸凌建立舞台，讓孩子扮演角色。更重要的，我們要尋找方法讓三種角色一起來打破暴力循環，創造讓所有孩童都能茁壯的良好照顧循環。

> 我們總是要尋找簡化的答案，讓自己誤以為真的有簡單的答案……看到學校中的暴力，原因很多——家庭中的暴力、電視上的暴力、霸凌者與被霸凌的人，推崇霸凌、鼓吹為所欲為的文化。我們目前的處境很可能是所有這些因素的累積，而不是任何單一的原因。

——霍華・史披瓦克醫生（Dr. Howard Spivak）
塔夫特大學醫學院小兒科與社區健康教授
（發表於二〇〇〇年四月的《美國醫學學會期刊》）

【第二章】

霸凌者

就算我們能保護孩子不受傷害，仍必須讓孩子知道，他們若成為加害者才是最大的危險，特別是在肉體與心靈上傷害其他人的幸福。透過取笑、霸凌、毆打或其他方式來「貶低任何人」，他們本身所受到的傷害不少於受害者。

——路易斯・萊普席特（Lewis P. Lipsitt）

《孩童與青少年行為文集》（*Children and Adolescent Behavior Letter*）

霸凌者形形色色：有些很高大，有些很瘦小；有些聰明，有些不怎麼聰明；有些很迷人，有些不怎麼迷人；有些受人歡迎，有些徹底爲他人所厭惡。你不能以外表來辨識霸凌者，但可以用行爲來挑出他們。他們的言行舉止都是寫好的劇本；他們的角色常在家中排演過。有時他們會參考所看過的電影、玩過的遊戲、交往的朋友、所上的學校與周圍的文化。對外行人而言，他們似乎只是愛嘲弄，只是假裝，或是打一場傳統的架，或兄弟姊妹之間的吵鬧；但他們不是。他們演出的是一場嚴肅的戲碼，對自己、被霸凌的孩子與整個社群都帶來嚴重的後果。

二〇〇一年，美國健康慈善組織「凱瑟基金會」（Kaiser Fundation）與兒童電視節目公司「五毛錢劇場」（Nickelodeon），以及青少年社運團體「現在的兒童」（Children Now）進行了一個研究，幾乎四分之三受訪的青少年說霸凌是校園常見的事，上高中之後更是猖獗；十二到十五歲之間、百分之八十六的青少年說他們在學校遭到嘲弄或霸凌——在此年齡層中，霸凌問題比抽煙、喝酒、吸毒或性愛更嚴重。超過一半、八歲到十一歲孩童說霸凌是學校的「大問題」。「這是孩童心頭的一大擔憂。他們每天都要面對。」基金會的羅琳・艾許（Lauren Asher）這麼說。

約克大學（York University）拉瑪許暴力衝突對策研究中心（LaMarsh Centre for Research on Violence and Conflict Resolution）的黛博拉・派普勒博士（Debra J. Pepler）與同事，接受多倫多教育局的請求，進行了一項關於霸凌的祕密研究。根據從四年級到八年級、十四個班級的兩百一十一名學生、教師與父母的問卷，兩位研究人員席格勒（S. Zeigler）與羅森坦—曼納（M. Rosenstein-Manner）完成了以下的統計：

- 百分之三十五的孩童直接涉及霸凌事件。
- 霸凌在十一歲到十二歲時達到高峰。
- 百分之三十八的特殊教育學生遭到霸凌，其他學生則是百分之十八。

● 百分之二十四報告偶爾或時常發生種族霸凌。
● 百分之二十三的學生被霸凌，百分之七十一的教師說他們幾乎都會介入。

最後一項統計數字符合對於父母與教師的其他問卷調查。與學生的問卷比較起來，父母與教師嚴重低估了霸凌發生的次數。

孩童遭遇霸凌超過我們的想像，或我們願意承認的。根據全國學校心理醫生協會的調查，每七個學童就有一個是霸凌者或被霸凌者。孩童、父母與教育者需要能夠更自在地彼此討論孩子的生活，因此我們需要共通的語言，並了解霸凌的運作。

霸凌的四種記號

霸凌是故意的、蓄意的敵意行為，為了造成傷害，透過更嚴重的威脅來產生恐懼。不管是預謀還是臨時起意、明顯或隱約、「當面」或在背後、容易辨認或隱藏在友誼之中、一個孩子或一群孩子，霸凌總是有以下四種記號：

1. **權力不平衡**：霸凌者可能更老、更大、更強、更善於言語、階級更高、不同種族，或不同性別。一群孩子聚在一起霸凌，就能產生這種不平衡。霸凌不是手足吵鬧，不是勢均力敵的衝突對抗。

2.蓄意傷害：霸凌者蓄意造成情緒上或肉體上的傷害，並在目睹傷害時感到快樂。這不是意外或錯誤，不是脫口而出，不是開玩笑，不是疏失，不是不小心的排擠，不是「啊，我不是故意的」。

3.進一步的威脅：霸凌者與被霸凌者都知道霸凌可能再度發生。這不會是單一事件。當霸凌不受管束而更加惡化時，會增加另一個記號：

4.恐怖氣氛：霸凌是系統化的暴力，用來威嚇與保持控制。在目標心中造成恐懼，不僅是霸凌者的手段，也是目的。這不是對於特定問題的憤怒而造成的單一攻擊，也不是對於責難的衝動反應。

一旦造成了恐怖，霸凌者就能肆無忌憚，不擔心報復。被霸凌的孩子完全無助，無法還擊或告訴別人。霸凌者知道旁觀者會參與或支持，至少不會阻止，因此開始了暴力循環。

霸凌的行徑與手段

霸凌有三種方式：言語、肢體與人際關係。三種各有殺傷力，時常會結合在一起，產生更強的攻擊。男孩與女孩都會言語霸凌，男孩比女孩更多肢體霸凌，女孩比男孩更多人際關係霸凌。這種差別是因爲男性與女性社會化的過程，而不是生理上的差異。男孩比較會參與鬆散的大型社群，由共同的興趣所組成。他們建立起清楚劃分與尊重的階級秩序。運動員位於優勢主宰地位，體能比智力更受到尊重。因此我們看到男孩們會把比較瘦弱、通常比較聰明的男生關進置物櫃，叫他們「膽小鬼」、「書呆子」、「娘娘腔」（後者通常是男孩情緒上的暗示，認爲女生是力量與尊重階級的最低層）。

肢體霸凌並不僅限於男孩。較高大的女孩也常會絆倒、推擠與戳弄較瘦小的女生或男生。女孩們擁有一樣更有力量的工具來對付其他女生——人際關係霸凌。與男孩比較起來，女孩參與較小的、較親密的社群，有清楚的界線，因此僅靠社交圈的排擠就更容易傷害其他女孩。

言語霸凌

「棍棒石頭能打斷我的骨頭，但言語永遠傷害不了我」是一個謊言。言語是有力量的工具，可以折損孩童的精神。言語虐待是男女生最常見的霸凌形式，百分之七十的霸凌事件皆屬此類。言語霸凌容易被忽視，可以在成人或同儕面前悄悄說出來，而不會受到注意。可以在操場大喊，混入噪音中，讓教師聽不清楚，認爲是同儕之間的俗語。對霸凌者而言輕而易舉，對目標而言很有傷害性。更小的孩童尚未發展出堅強的自我感，最容易受到傷害，雖然一再的言語攻擊，就算再小的孩童也會覺得痲木，但對十四歲跳橋自盡的哈米・納提而言，言語嘲弄塡滿了他留下的五頁遺書。最常用在他身上的包括「四眼田鷄」、「大鼻子」、「書呆子」、「娘娘腔」、「同性戀」。

如果言語霸凌得到容許，就會變得正常，剝奪了目標的人性。一旦孩子的人性被剝奪了，就更容易加以攻擊，旁觀的人不會興起正常的同情心。當一個孩子成爲慣常開玩笑的對象，就會開始疏離，更多單獨的活動，最晚被挑選，最早被剔除。誰會想要一個廢物在自己隊上？

言語霸凌可能是侮辱、嘲弄、貶低、批評、毀謗、種族髒話，以及性暗示或性虐待字眼。可能是勒索午餐錢或私人物品、侮辱的電話、威嚇的電郵、匿名的字條（包含暴力威脅）、不實的指控、錯誤的謠言與閒言——是的，閒言也可能是霸凌。八世紀的希臘詩人海希奧德（Hesiod）說閒言是「不懷好意，容易產生，聽了讓人難受，而且難以消除」。閒言降低了人際關係，誇大了被霸凌者的問題、錯誤與互動：「你有沒有聽說她做了什麼？」

這三種形式中，言語霸凌是最容易獨立的，也是另外兩種形式的入門，是導致更惡劣暴力的第一步。

肢體霸凌

這是最清楚，因此最容易辨識的霸凌形式，但肢體霸凌僅佔孩童所報告霸凌事件中不到三分之一，包括拍打、毆打、掐脖子、戳弄、出拳、腳踢、口咬、掐捏、抓傷、扭轉手腳、吐口水、撕毀衣物與個人物品。霸凌者的年齡愈大，體型愈大，這種攻擊就愈危險，就算不想造成嚴重傷害：「我只是想嚇他。我不是有意弄斷他的手。」

慣常扮演這個角色的孩童，通常是所有霸凌中最有心理問題的，也最可能朝向更嚴重的犯罪行爲。

人際關係霸凌

人際關係霸凌是最難以用肉眼偵測，透過忽視、孤立、排擠或逃避，能系統化剝奪一個孩童的自我感。逃避是姑息的行爲，加上主動的閒言，就成爲有力量的霸凌工具。逃避與閒言都是看不見，難以偵測的。被談論的孩童也許從來沒聽到閒言，仍然會受到傷害，例如：「離他遠一點，他有蝨子。」「不要跟她在一起；她跟一半的籃球隊員上過床。別人也會覺得你很容易到手。」

人際關係霸凌可以用來孤立、排擠一個同儕，或蓄意破壞友誼。可以是含蓄的姿勢如瞪視、翻白眼、嘆氣、皺眉、嗤之以鼻、嘖嘴與充滿敵意的身體語言。

人際關係霸凌在中學時期最猖獗，青春期來臨，加上生理、心理、情緒與性發育的改變，這時候的青少年想弄清楚如何與同儕相處。蓄意排擠一個孩童來參加過夜派對、慶生會與操場的遊戲，通常不會被認爲是霸凌，因爲不如嘲笑或侮辱或毆打那樣容易辨識，後果也不是像黑眼圈或扯破衣服那樣明顯；所造成的痛苦通常是隱藏的，就算表達出來也常被忽視（「反正你也不想參加他們的派對」）。

霸凌的特質

有很多原因讓孩子用他們的能力或專長來霸凌其他人，沒有單一因素可以完全解釋。霸凌者不是生來就是霸凌者。天生的性情是一個因素，但也有社會科學家尤瑞・布朗費班納（Urie Bronfenbrenner）所謂的「環境影響」：家庭、學校生活，以及社區與文化（包括媒體）容許或鼓勵這種行爲。我們所確知的是，霸凌是被教導出來的。

霸凌有七種：

1. 自信的霸凌者不會安靜登場，而是大搖大擺地進來，四處碰撞。他有膨脹的自我（而不是堅強的自我），感覺可以擁有一切，愛好暴力，對目標沒有同理心。只有當他感覺比其他人優越時，心情才會好。同儕與教師會欣賞他，因爲他有強烈的性格，但這又不表示他有很多朋友。友誼是基於信任、忠誠與相互尊重，都不是霸凌者所擁有的特質。

2. 擅長社交的霸凌者用謠言、閒語、口頭嘲弄與逃避來系統化地孤立選定的目標，有效地把他們排除於社交活動之外。他嫉妒其他人的優點，對自我感覺不良，但把這種不安全感隱藏於誇大的自信與魅力中。邪惡而操弄，他可以表現得很關懷與同情，但只是爲了僞裝自己缺乏同理心，用來獲得他想要的。他也許很受歡迎，卻不是其他孩童願意推心置腹的人，除非他們是他想霸凌的目標。

3. 全面裝甲的霸凌者很酷，與人疏離。他不顯露情緒，對霸凌很有決心。他尋找機會，在無人看見或阻止時霸凌。他對目標充滿敵意與報復，但在其他人面前又很包容與有禮，特別是在成人面前。他似乎是所謂的溫文儒雅，也就是舉止冷漠而無情緒；事實上，他的情緒埋藏在黑暗的深處，連他自己都難以發覺或辨識。

4. 過動的霸凌者課業成績很糟，社交能力也不良。他通常有某種學習障礙，無法正確解讀社交訊息，時常把其他孩童的無辜舉止視爲敵意，稍微受到刺激就會反應激烈，並怪罪他人來爲自己的反應找理由：「他先打我。」過動的霸凌者難以交到朋友。

5. 被霸凌的霸凌者既是受害者，也是加害者。他遭受成人或其他孩童的霸凌，於是也對其他人霸凌，來爲自己的無助與自厭找到一點抒發。這是所有霸凌者中最不受人歡迎的，他會惡意攻擊那些傷害他的人，以及更瘦弱的目標。

6成群結隊的霸凌者是一群朋友，他們會做出單獨一人時絕不會做的事。一群「好孩子」就算知道他們所做的是錯的，傷害了目標，仍然算是霸凌。

7組成幫派的霸凌者是一群混混聚集在一起，並不是朋友，而是策略聯盟，追求權力、控制、主宰、征服與地盤。原先是想要追求家族的歸屬感，想要受人尊重，受到保護，他們對幫派過於狂熱，以至於放棄了自己的生活，對受害者的傷害與行爲後果都置之不理。除了狂熱之外，還缺乏同理心與懺悔。

雖然霸凌者的行徑與手段可能不一樣，仍有共同的特徵：

1. 喜歡掌控其他人。
2. 喜歡利用其他人來達成一己的慾望。
3. 難以從他人的觀點來考慮事情。
4. 只在乎自己的慾望與快樂，而不在乎其他人的需要、權利與感受。
5. 父母與成人不在場時會傷害其他孩童。
6. 把較弱的弟妹或同儕視爲獵物（霸凌也是「掠食攻擊性」——可怕的字眼，但實際行爲會更可怕）。

7. 用怪罪、批評與錯誤指控，把自己的無能投射到受害者身上。
8. 拒絕接受自己的行爲責任。
9. 缺乏遠見，也就是考慮到自己行爲在短期、長期與可能想不到的後果的能力。
10. 渴望得到注意。

鄙視是關鍵

讀者也許發現，在討論霸凌時，我沒有提到憤怒。霸凌並不是關於憤怒，甚至不是關於衝突。霸凌是關於鄙視（contempt）——強烈地不喜歡某個被視爲一文不值、次等或不值得尊重的對象。鄙視包括了三種明顯的心理優越感，讓孩童能傷害其他人，而不會感到同理、同情或羞愧：

1. 特權感——有權控制、主宰、征服與虐待其他人。
2. 無法包容異己——差異就是劣等，因此不值得尊重。
3. 隨意排斥——可以排擠、孤立、隔離一個被視爲不值得尊重的人。

換言之，霸凌是行動上的自大。霸凌的孩童有一種優越感，時常用來掩飾更深的傷害與無能感。他們合理化這種優越感，好讓自己傷害所鄙視的人，其實這是貶低他人的藉口，讓他們能感覺「高高在上」。

正如霸凌有輕重之分，鄙視也可分爲不喜歡、討厭到痛恨。這種鄙視的成見基礎時常深植於我們的家庭、學校與社會之中。任何與種族、性別（包括性傾向）、宗教、身體特徵與心智能力的成見或歧視，都是霸凌者用來合理化對單一孩童或一群孩童的鄙視理由。

曾是中輟學生的卡爾・厄普邱奇（Carl Upchurch），後來加入幫派，入獄，如今是作家與受人尊重的民權運動社區領袖，他寫了一本讓人感動的書，《在子宮內就被定罪：從囚犯成爲和平主義者的旅程》（*Convicted in the Womb: One Man's Journey from Prisoner to Peacemaker*），談到「體制化的種族歧視」對他童年時的衝擊：

> 對於我的種族的鄙視——任何假設、侮辱與髒話——都是在我出生之前就為我量身訂做好了……我花了超過三十年才了解，不像身為男性或黑人，「黑鬼」並不是我與生俱來的基因組成……我長大時相信，因為我是黑人，因而遭受社會的鄙視……我為疏忽、無情的殘酷所管制，並賦予了劣等的刻板印象。

卡爾承認，他是被霸凌的霸凌者。疏忽、無情的殘酷是他保護自己的硬殼，在慣常的鄙視、斥責與仇視之中，保護他內心那溫和、輕柔、敏感的孩童。

欺騙的假面

言語、肢體或人際關係霸凌的單一事件也許看似微不足道，不需要特別在意，算是學校文化的一部分。但這種權力不平衡、蓄意傷害、進一步的威脅與恐怖氣氛的創造，足以成爲警訊，需要成人介入。可悲的是，就算是霸凌的四種元素已經顯而易見，成人也時常忽視或否認霸凌，低估其嚴重性，怪罪被霸凌的孩童，或增加更多的侮辱。

操場上的權力遊戲

八歲大的梅涵遭學校停學，因爲她在一群男生面前脫下褲子，而一群女生在旁觀看。一個孩子跑去報告教師。當教師來到現場時，大部分的男孩與女孩都在嘲笑梅涵。教師抓住梅涵的手臂，把她帶到校長辦公室，說她要對自己的脫序行爲感到羞恥。校長無法讓梅涵說出爲何要這麼做。梅涵只是坐在校長面前，聳肩、凝視著遠方。

梅涵父親來到學校，看到女兒縮在椅子中啜泣。校長建議父親爲女兒尋求一些幫助，她在操場上「暴露」自己而敗壞了其他小孩。父親帶梅涵回家，想安撫她，詢問事情的眞相。梅涵什麼也不說，他打電話給一位社工朋友。朋友帶梅涵去吃午餐，向這個不安的二年級學童問出了事實。

梅涵從一年級就在閱讀上落後，同學叫她「呆子」、「笨蛋」，同儕的遊戲與派對都排斥她。她非常渴望能加入受歡迎的一群，領導者告訴她，只要她在一群男生面前脫下褲子，就可以加入；她若不答應，女孩會叫其他人都不跟她玩。的確是敗壞，但譴責了錯誤的人。

當事人被找來對質，瑪瑞迪（霸凌者）否認叫梅涵（被霸凌者）脫褲子，而且事先已威脅其他女生（旁觀者）配合，任何人若說出眞相就慘了。最後，有一個女生茱莉（旁觀者變成見證者）對整件事感到非常難過，她告訴母親眞相，坦言自己沒有阻止事情繼續發生。茱莉冒了風險，知道母親會相信她，導致學校採取了一連串的措施，對梅涵、瑪瑞迪與其他同學都有極大的幫助──如果單靠讓梅涵停學，是絕對做不到的。梅涵很幸運，班上有一個女生願意挺身而出，說出眞相支持她。布萊恩就沒有這麼幸運。

整人儀式：這是傳統的一部分

一九九三年，五名青少年足球運動員把隊友布萊恩從更衣室淋浴間拖出去，用膠帶把他赤裸裸地綁在毛巾架上，然後把布萊恩曾經約會過的一個女生帶進更衣室，看他被綁在毛巾架上。校方得知這件事後，禁止球隊參加高中地區季後賽。這群孩子的球季結束了，但對布萊恩的霸凌還沒有。球員、其他學生、父母們與社區的人覺得處分太重了，反而說布萊恩遭受的羞辱是「傳統的一部分」、「屢見不鮮」、「從我們當學生時就是如此……沒有人禁止我們」、「只是開玩笑」。布萊恩遭到同學的辱罵、排斥、推擠，球季取消都怪罪他，而不是那五名球員。後來他遭球隊開除，顯然是因爲他沒有爲「告密」而向球隊道歉。

雖然布萊恩的父母一直支持他，同儕的攻擊、社區的憤怒與缺少校方支持，都加重了這起事件的羞辱與痛苦。

整人儀式是霸凌嗎？大致上，它有霸凌的元素：權力不平衡（被整的人勢單力薄或地位較低）；蓄意傷害（被灌酒或運動到昏倒，被揍或強迫去揍人）；以及進一步的威脅（被迫吃噁心的東西、紋身或穿刺、或剃頭、或偷竊、或犯法，不然就要……）。不知道接下來會怎麼樣或何時停止，這是恐怖氛圍的手法。

美國《今日週刊》有一篇關於整人儀式的文章，塔瑪拉．亨利（Tamara Henry，引述艾佛大學〔Alfred University〕）在二〇〇〇年四月的一項研究，是關於高中生加入球隊、藝術音樂戲劇團體、學術俱樂部與教堂團體時，「以羞辱或被迫犯法或參與危險活動的入門儀式所具有的風險」。參與隨機問卷調查的一千五百四十一名高中生，有百分之四十八說他們經歷過整人儀式。這個統計數字令人不安；百分之四十三說經歷過羞辱的活動，百分之二十三參與過嗑藥，百分之二十九說做過可能違法的行爲。

「我們的文化把整人儀式視爲『有趣而刺激』。美國人對『樂趣』的執迷顯然讓我們爲任何行爲找到藉口，不管是多麼虐待人。」艾佛大學的人類學教授羅伯·梅耶（Robert Meyers）這麼說。

「我們預期會發現某種程度的整人，」主研究員娜汀·胡佛（Nadine Hoover）說，「結果，其普及程度讓人不安。」

我們必須質疑，爲何侮辱另一個人會是「有趣而刺激」？我們在玩兩面手法，一方面告訴孩童不要在操場上霸凌，同時又鼓勵或縱容整人儀式，稱之爲「磨練性格」、「只是傳統的一部分」。

每個人都追求歸屬感。對年輕人而言是很大的誘因，讓他們對自己或他人做出難以描述的殘酷事情，好爲一個團體所接納。入門儀式可以是有力量與有意義的，並不需要羞辱他人。現代文化的一個問題是我們還沒有發展出健康、合適的磨練儀式，象徵從孩童進入成人的過程。

結黨與學校社交階級

在青少年之前與期間想獲得接納與安全感，孩子不僅會加入團體，也會結黨，有共同的興趣、價値、能力與喜好。這樣很好。但也會有獨佔與排斥，這樣就不好。學校文化滋養結黨，把某些團體看得比其他更重要，也滋養了歧視與霸凌。

科倫拜高中（Columbine High School）的學生會長對警方的供詞，說明了這種學校文化能加強社群感，建立起高牆來保護裡面的人。對於被排斥在高牆之外的人，這種文化可能成爲系統化的虐待，否定平等的保護，日常生活變得恐怖又難以忍受。沒有加入受重視與尊敬的黨派的孩子，時常遭團體成員施以殘酷的霸凌。學生會長被引述說「所有『運動型』的孩子被迪蘭與艾瑞克說成是『非運動』（no sports）。」他知道他們通常是足球隊隊員所捉弄的目標。

遭受嘲弄、排擠與肢體霸凌，「局外人」時常會找其他願意接納他們的團體。兩個黨派之間會產生緊張，通常是社交階級的兩極。在這種情況下，校方會對較高階級的霸凌者視而不見，默許或否定問題存在。當問及該校顯然存在的「運動員文化」時，當地報紙引述校方說法爲「科倫拜高中唯一的運動員文化（culture，意思也是菌種），是霉菌感染搔癢」。

科倫拜高中槍擊事件一年之後，迪蘭與艾瑞克拍攝的錄影帶公諸於世，至少還有一名足球隊的球員表達了獨佔慾與優越感。他覺得他有權力嘲弄與折磨任何「不一樣」的人，任何他鄙視的人：「科倫拜是個乾淨的好地方，除了那些受到排斥的人。大部分學生都不喜歡他們，他們會搞巫術、巫毒，我們當然要嘲弄他們。他們理那種奇怪的髮型上學，帽子上還有角，我們還能怎麼樣？不僅是運動員，整個學校都鄙視他們。他們是一群同性戀……如果要趕走某些人，通常就會嘲弄他們。所以整個學校都叫他們同性戀……」

槍擊事件之後不久，《丹佛郵報》的專欄作家查克．格林（Chuck Green）寫道：「當子彈射出時，科倫拜殺手艾瑞克．哈里斯與迪蘭．科伯非常清楚地表達了一個動機：他們痛恨高中的階級文化，受歡迎的運動員享有明星特權。運動員是科倫拜社交階級的最高層，被當成校園貴族般崇拜。槍擊之後數天，其他學生表達了同樣的擔憂——科倫拜有一種階級制度，由學生所建立，校方所姑息，偏袒重要比賽的運動員，而忽略了一般的學生。」

運動員文化問題顯然超過了「霉菌感染搔癢」。格林繼續揭發一個案例，涉及一位最受歡迎的學生運動員。這位學生受到史坦福大學、哈佛大學與科羅拉多大學的注意，同時也是被指控的跟蹤狂。他收到禁令不准靠近前女友（也是科倫拜高中的學生），但他拒絕接受暴力輔導諮商，計畫對抗他的刑事罪名。

校方不僅不設法讓這位受到指控的運動員跟踪狂遠離前女友，反而提出另一個方法：「這個女生可以馬上離開學校——距離畢業只有三週——而不會遭受任何懲罰，以避免接觸足球明星。她也不會留下記錄。」要她待在家中，而不會懲罰她或留下記錄？這是很奇怪的作法，但卻常用來對待被霸凌的人。

查克・格林的專欄發生了作用。教育局行政人員要求詳細的調查報告。學校董事會要求校方說明始末，要校方更加注意學生與性別平等問題上的威嚇與騷擾等情況。

學校董事大衛・迪吉科莫（David DiGiacomo）寫了一封信給督學：「這種問題不是第一次發生，我們需要更加注意。問題不限於科倫拜。我相信這是大部分學校都有的系統性問題。」

一位小學生家長辛蒂・凱伊（Cindy Key）表達了許多父母的擔憂：「我們的主要問題是學校需要教導尊重與包容，應該從小學就開始。我們擔心的更是霸凌與嘲弄。我們可以花大錢在學校周圍的安全措施上，但學生若在學校中感到不安全，任何安全措施都沒有用。」

種族霸凌：雙重打擊

在《反霸凌手册》（*The Anti-Bullying Handook*）中，以防範霸凌課程而聞名國際的紐西蘭教授凱斯・蘇利文（Keith Sullivan）描述了種族立場碰到霸凌的情況：

蘭吉在教室讀書，門打開。「你在幹什麼，毛利男孩？」大衛嘲笑說，「你是不是踩到大便了，黑小子？」他靠得更近，「你在讀什麼？我還以為你不識字。」「喂，黑鬼。」其他孩子也進來，看到蘭吉一個人。這次他沒有忽視這些嘲弄與刺激（過去一個月他已經遭遇四、五次），他動了怒，轉身面對大衛。兩個孩子打了起來，蘭吉顯然比較會打架，佔了上風。大衛的朋友吉姆插手，抓住蘭吉的脖子，把他拉開摔到地上，並扶大衛站起來。教師趕來，把大衛與蘭吉帶到副校長辦公室。大衛在哭，說他只是開玩笑，但蘭吉「發飆」傷害了他。副校長詢問時，蘭吉態度惡劣無禮，因此遭停學一週。大衛的朋友幫他說話，說蘭吉毫無理由就「抓狂」。大衛被警告一次，但大家都認為他是無辜的。

老師認爲蘭吉是攻擊者。沒人聽他的，反而只相信大家所擁護的大衛。

蘇利文博士指出，雖然在這個霸凌事件中有很強的種族元素，校方先前表示學校沒有種族問題。他們相信霸凌者的話，懲罰了被霸凌的孩子。其他孩子以後也許不會再霸凌蘭吉了，他們會去找更容易下手的目標。但是他們的種族態度沒有受到考驗。蘭吉也許會對這些孩子心懷恨意，對不公平感到憤怒，因而反抗學校，因爲校方沒有公平地處理問題。

毛利孩童在這個南方島嶼學校中是少數民族，如同遭到壓迫的紐西蘭原住民，把毛利人（Maori）換成提納人（Dene）、因努伊人（Inuit）、柴洛基族（Cherokee）、黑足族（Blackfoot）、納瓦荷族（Navajo）、霍比族（Hopi）、拉科塔族（Lakota）、蘇族（Sioux），或是任何其他種族或少數民族，就可以看到美國與加拿大許多學校所發生的類似案件。

種族霸凌不是憑空發生的。孩童必須被教導種族歧視，才會有種族霸凌。種族霸凌發生在孩童被教導歧視一群人的環境下，把差異看成是邪惡的，人性之間的共通之處沒有得到重視。

透過思想（成見〔stereotype〕）、情緒（偏見〔prejudice〕）與行動（歧視〔discrimination〕），孩童系統化地學到種族歧視的髒話與歧視行爲的規矩。首先，孩童被教導成見，也就是把一整群的人加以簡化，而不考慮個別差異：某一種人脾氣暴躁，很醜，很懶，很蠢，不善良，瘋狂。其次，孩童被教導根據成見來草率評斷某人。偏見是一種情緒：我們不喜歡某一種人。

種族歧視思想與情緒加在一起，孩童就會歧視團體中的個人：你不能跟我們玩。你不能來參加我們的派對。我們不要你加入我們這一隊。滾開，你這個怪胎！

這就是霸凌，必須當成霸凌來處理。從種族歧視到單獨霸凌一個孩童僅有一線之隔——挑出某個人來爲所有人承擔痛苦或罪過，或在不清楚是誰的錯誤時，冤枉某個特定的孩童。蘭吉受到指控先動手打人，因爲「他這種人」總是脾氣暴躁。

被逮到

大衛與蘭吉的事件彰顯了被霸凌的孩子反擊時的情況，也說明了當霸凌被質疑時的反應：

1. 否認他做了任何錯事。
2. 減輕事情嚴重性：「我只是在逗他。」
3. 反擊：「他莫名其妙發瘋了。」
4. 宣稱自己是受害者，哭著指控其他孩子先起頭。這樣通常會刺激被霸凌的孩子（以蘭吉爲例，他已經忍受了一個月的虐待才反擊，當然接受質問時就會暴躁無禮）。

5 把被霸凌的孩子說成是霸凌者來脫罪，大衛則變成無辜的一方。

6 靠旁觀者的支持來否認被霸凌的孩子所說的一切，爲自己的行爲辯護。大衛的朋友支持了他，說蘭吉沒有理由就「抓狂」。

霸凌者學會了如何爲自己說話，懂得如何演出被冤枉的角色，讓其他人與他串通，玩弄成人的情緒與偏見。暴力循環繼續下去。

面對種族歧視時，學校政策、程序與防範計畫必須攜手合作。第一步是承認學校有種族歧視問題，然後接受可能性，學校也有種族霸凌（第九章將探討學校對於一般霸凌，還有種族與性別霸凌的政策、程序與防範計畫）。

逗弄不等於嘲弄

在〈前言〉的許多故事中，孩童遭受言語霸凌，嘲弄他們的種族、宗教、性別、身體特徵或心智能力。我們很難教導孩童，「逗弄」是健康人際關係的正常部分，同時又說如果逗弄他人，也許會成爲霸凌；更難教導孩童，當逗弄變得難受、有傷害性、不再好玩時就要停止。最好是給予孩童兩種不同的字眼，來描述兩種不同的活動。當孩子了解一種是與朋友玩耍，另一種是純粹的霸凌時，就可以減少「我只是在逗他」與「你不能開玩笑嗎？」這樣的藉口，了解逗弄與嘲弄之間的差別，給予正名，孩子能學會知道自己在做什麼，更清楚爲何逗弄是可以接受的，另一種卻不行。

逗弄是朋友之間的玩耍——他們是你所喜歡的人。嘲弄是霸凌你所鄙視的人。把嘲弄視爲霸凌，說明了這種行爲的嚴重性與惡意，讓其他可能加入霸凌的旁觀者能夠了解，也說明了被霸凌的孩童所感受的痛苦。

逗弄

1. 逗弄者與被逗弄者可以輕鬆互換角色。
2. 不是意圖傷害另一方。
3. 維持參與者的基本尊嚴。
4. 逗弄是輕鬆、聰明、善意的行爲。
5. 目的是大家一起歡笑。
6. 只是一群有共同興趣的孩子之間的小部分活動。
7. 動機純眞。
8. 當被逗弄的人不高興或反對時，就會停止。

當孩子互相逗弄時，有一種玩耍的氣氛是嘲弄所沒有的：雙方都平等地互動。若一個孩子不小心說出傷害性的話，也許想用幽默來包裝難以啓齒的事情，他會從朋友受傷的反應看出自己做錯了，並加以彌補。雙方在情感建立與有效溝通上都學到重要的一課。他們可以互相練習，安全地學習逗弄的界線，以及言語的力量。他們分享很強的情感、熱情與同理心。他們若取笑彼此的缺點與錯誤，也能很快地協助對方處理問題。善意的嘮叨反映了雙方關係的親密。任何對於種族、宗教、性別、身體特徵與心智能力的攻擊則超過了界線。這些攻擊不是逗弄，而是嘲弄。

嘲弄

1. 根據權力的不平衡，偏向一邊：霸凌者嘲弄，被霸凌者只能承受。
2. 蓄意傷害。
3. 涉及羞辱、貶低、把歧視的言語隱藏在笑話中。
4. 笑聲是針對目標，而不是一起歡笑。
5. 要降低目標的自我價值感。
6. 激發對於進一步嘲弄或肢體霸凌的恐懼。
7. 動機邪惡。

8.當目標孩子難過或反對嘲弄時，仍舊繼續下去。

當霸凌者嘲弄目標時，攻擊中沒有玩耍成分，不管霸凌如何找藉口，「我只是逗他而已。」被霸凌的孩子會成爲目標，因爲霸凌者知道他不會反擊。這不是善意的互動，嘲弄是爲了孤立目標。意圖傷害，使用的言語卑劣而殘酷。霸凌者也許會笑，旁觀者也可能會笑。目標感到難爲情、羞辱、對接下來要發生的事感到恐懼。霸凌者沒有同理心或同情心，反而是對攻擊成功感到得意、興奮，或有趣。霸凌者的動機不是要交朋友、友善的戲謔，或把嚴肅的場面變得輕鬆，他純粹是要貶低與羞辱另一個孩子。

性別霸凌

就像種族歧視態度可能與霸凌有關，性別歧視也是如此。霸凌的三種形式——肢體、言語與人際關係——都可能套上性別歧視的含意。因爲性別是我們與生俱來的，性別霸凌攻擊我們的根本，會造成嚴重的影響。同儕間的性別霸凌是今日校園中最氾濫的一種暴力。根據一九九三年由美國大學女性教育基金會（American Association of University Women Educational Founndation）所做的「敵意走廊」研究，由八年級到十一年級、一千六百三十二名學生接受問卷調查，得到讓人吃驚的數據：

- 百分之八十五的女生與百分之七十六的男生經歷過性騷擾。
- 百分之六十五的女生被帶有性意味地碰觸、抓摸或掐捏過。
- 百分之十三的女生與百分之九的男生被迫做親吻之外的性活動。
- 百分之二十五的女生為了避免性騷擾而不去上學或蹺課。
- 百分之八十六的女生曾遭同儕性騷擾。
- 百分之二十五的女生曾遭校方人員性騷擾。

六年級或更小的學生，有三分之一報告經歷過性別霸凌。男生與女生在走廊中經歷過性騷擾的有百分之七十三，在教室是百分之六十五，在操場的是百分之四十八，在餐廳的是百分之三十四。研究指出，曾遭騷擾的孩童有嚴重的後果，在身體與情緒上受到顯著的威脅。早熟的女孩與較晚發育的男孩都是遭受性別霸凌的高風險群。不同性傾向的孩童是被霸凌的主要對象。在一篇名爲〈年輕、同志、被霸凌者〉（Young, Gay, and Bullied）的文獻中（現代年輕人雜誌），研究者瑞佛斯（I. Rivers）談到他在一九九六年的研究，他訪問了一百四十名同性戀青少年，發現有百分之八十經歷過性傾向的嘲弄，超過半數被肢體攻擊，或爲同儕或教師所嘲弄。

言語性別霸凌

言語霸凌是最常見的霸凌形式，所以很合理，最常見的性別霸凌是言語的。言語性別霸凌可以獨立看待，但時常是肢體性別霸凌或人際關係性別霸凌的入門，也是更惡劣與下流的性暴力的第一步。這種霸凌的本質有男生與女生的差別。霸凌男生常用的貶低言語說「你不是個男生」，也就是一個女生（娘娘腔、膽小鬼、賤人，「你跑起來像個娘們」），或恐同性戀字眼（同志、玻璃、怪胎、吸老二的）。霸凌女生常用的是把身體物化，貶低她們的性別，或加以幼稚化（肥胖，狗，八號、屄、洞、蕾絲、蕩婦、妓女、流鶯、寶貝、北鼻、小鷄、小貓）。言語霸凌也會包括威脅性侵犯，言語騷擾對方的身體，性歧視的笑話，或關於性能力或缺乏性活動的貶低評語。

如嘲弄同儕的霸凌者會說他們沒有惡意只是逗弄，性別霸凌也會說他們只是在調情（flirting）。如果孩子能了解逗弄與嘲弄之間的差別，就能區分調情與性別霸凌的差別。

調情

1. 容許與邀請雙方輕鬆地互換角色。
2. 不意圖傷害對方——而是表達慾望。

3. 維持雙方的基本尊嚴。
4. 意圖是奉承與讚美。
5. 邀請一起來享受彼此的陪伴。
6. 邀請性愛。
7. 意圖讓對方感到受渴望、有魅力、掌握控制。
8. 當被調情的一方不高興、反對或不感興趣時就會停止。

調情有種玩耍的氣氛，是性別霸凌所沒有的。調情絕沒有傷害的意圖，而是邀請兩人更加了解彼此。就像其他的邀請，可以接受或拒絕，而提出調情的一方都會予以尊重。

言語性別霸凌

1. 根據權力的不平衡，偏向一方：性別霸凌嘲弄，被霸凌的孩子被貶低。
2. 意圖傷害與剝削。
3. 有侵略性，鞏固霸凌者的地位。
4. 意圖貶低或詆毀。
5. 意圖表達控制與主宰。

6. 意圖違反對方的界線。

7. 意圖讓對方感到被排斥、醜陋、低下、軟弱或不自在。

8. 當被霸凌的孩童感到難過或反對時，反而繼續下去。

言語性別霸凌沒有邀請，只是攻擊。目標感到難為情、受羞辱、覺得無助。霸凌者並不是想與另一人進行健康的調情，而是惡劣攻擊、蓄意傷害。目標若抗議，就會被說是死板的「賤人」，或不懂得開玩笑。

肢體性別霸凌

肢體性別霸凌可以包括，但不僅限於碰觸或抓摸、掐捏、拉胸罩、扯下褲子或掀起裙子、帶有性意味地擦撞對方，或「性侵犯」。重要的是犯罪活動也會有性別霸凌的元素。二〇〇一年十月，科羅拉多州丹佛一位六年級女孩在電腦教室遭到性別霸凌與侵犯，當時有二十四個學生分組活動。一個十二歲的男孩拿刀頂著女孩的腿，向三個朋友收五塊錢來調戲她。三個男孩觸摸了女孩全身，女孩的母親向教育局提出控訴。根據新聞報導：「教師沒看到事情經過，以為四個男孩與女孩是朋友。」

人際關係霸凌

在孩童的人際關係霸凌加上性暗示，系統化地剝削受害者的自我價值——將性謠言或性綽號寫在廁所或更衣室牆上，因爲性傾向而排斥某個目標，「檢視」目標的身體、盯著胸部、拋媚眼、做猥褻的姿勢——就有了難以偵測、容易實施的手法來攻擊受害者。加上所有這些性剝削的展示材料可以用來羞辱或貶低，某種服裝或胸章有性侵犯的圖案或字樣，或性剝削的塗鴉，就有了材料創造出加拿大人權委員會（一九九一年）與美國一九六四年的民權法案所界定的敵意環境，干擾學生的學習能力。

一九九二年，明尼蘇達州一位校長忽視了一位女學生的請求，她要校方移除男生廁所中關於她的性剝削猥褻塗鴉。提出抱怨兩年之後，塗鴉仍未清除，女孩控告教育局。據說教育局以一萬五千元達成和解。兩年與一萬五千元，似乎說明了學校如何姑息，甚至容許學生每日遭受貶低與侮辱。

霸凌不是什麼

由此可見，霸凌不僅是攻擊行爲。性別霸凌與調情毫無關係，不管是採取什麼形式，都是一種攻擊行爲。並不是所有的攻擊行爲都是霸凌——有些比較輕微，有些更嚴重。

雖然本書的焦點放在霸凌，但父母師長也應該了解霸凌不是什麼，畢竟其中的差別乍看之下並不明顯。

霸凌並不包括正常的孩童行為，如手足之間的爭吵或手足與同儕之間一對一的競爭；也不包括衝動下的攻擊，隨性而不分青紅皀白的發作，沒有特定的目標。這樣的攻擊通常是生理或心理上的障礙（如自閉症或亞斯伯格症〔Asperger's syndrome〕），不能忽視或當成藉口，但這不是霸凌。隨性而起、蓄意、不分青紅皀白的發作也可能是被霸凌的孩童對霸凌的反應，但仍不是霸凌（第三章將詳細探討）。

另一個極端，霸凌也不包括因爲衝突而演變成的犯罪活動，如肢體攻擊、武器攻擊與蓄意破壞。這些都需要司法介入及矯正措施與治療。然而，重要的是知道有些暴力行動含有霸凌的元素。通常稱爲仇恨犯罪：針對一個人、一群人或財物，因爲目標的眞實或設想的種族、宗教、性傾向、國籍、肢體障礙、性別或血緣。這些不僅需要司法介入，也需要矯正措施與治療來處理伴同暴力的鄙視與自大元素。

不管是輕微、中度或嚴重，霸凌都不正常，是反社會的。因此目前的零包容政策（意圖以一種方法，如退學，來處理任何一對一的打架、霸凌與攻擊）其實是零大腦政策。這種政策是爲了快速找到過失，而不是有效地打破暴力循環。我們需要爲這種反社會活動找到一種社會對策。

仇恨對仇恨者的扭曲遠過被仇恨的。他所引起對自己的仇恨所造成的傷害，會超過對他的敵人嗎？他的敵意對自己靈魂的傷害，會超過他所迫害的人嗎？

——聖奧古斯丁（St. Augustine，第五世紀主教）

【第三章】

被霸凌者

別笑我，別為我取綽號
別從我的痛苦取樂
我是個戴眼鏡的小孩
他們稱為書呆子的
永不微笑的小女孩
因為我戴了牙套
我知道哭泣求助的感覺
我是每一個操場上都有的孩子
總是最後被挑選上
一個單身的青少女母親
想要克服我的過去
你不需要當我的朋友

但這樣要求過分了嗎？
別取笑我
別為我取綽號
別從我的痛苦取樂……
別笑我胖、我瘦、我矮、我高
我聾、我瞎……喂，難道我們不都是嗎？

——史提夫・賽斯金（Steve Seskin）、艾倫・山伯林（Allen Shamblin）

「別取笑我」（Don't Laugh at Me）

就像霸凌者，被霸凌的孩子也是形形色色：有些很高大，有些很瘦小；有些聰明，有些不怎麼聰明；有些很迷人，有些不怎麼迷人；有些受人歡迎，有些幾乎沒人喜歡。所有被霸凌的孩子有一個共通之處：他們被一個霸凌者（或一群霸凌者）所盯上。每一個都被挑出來成爲挑剔的對象，承受言語、肢體或人際關係攻擊，只因爲他們在某方面不一樣。霸凌者需要可攻擊的目標，被當成攻擊藉口的差異可能只是誤解，更糟糕的是惡意仇視。

我們所處的社會對於受害者有很多誤解——軟弱與可悲、脆弱、不安全、孤獨、配合霸凌者演出、願意被霸凌、自討苦吃、活該的輸家——這些都讓孩子（與許多成人）加以合理化，不讓霸凌者負責，甚至加入，袖手旁觀，或更糟的是，怪罪受害者。沒有人應該被霸凌。

孩童的行爲就算會惹惱或讓同儕感到有趣，也有權利受到尊重，就像其他人一樣。當然，他們也許需要改變行爲，或對於有亞斯伯格症狀的孩童而言，需要去記得其他孩童直覺就能解讀的線索，同儕才不會認爲可以任意玩弄他們。我們需要了解爲何孩童會覺得他們有權利不尊重、責罵或仇視其他孩童，只因爲那些孩童在某方面跟他們不一樣。爲何孩童會把樂趣建立在其他孩童的痛苦上？

在蓋文・迪貝克（Gavin de Becker）的書《保護賜予》（*Keeping Children and Teenagers Safe*〔*And Parent Sane*〕）中，瑪麗・阿尼森博士（Dr. Mary Arneson）詳細描述了她輕微自閉症的經驗：

> 這是一個人們表現友善，結果卻會變成敵人的世界。學校的人常常很惡劣，沒有任何理由。最教人珍惜、也最讓人感到愉悦的事，總是會成為嘲笑的對象，例如，自閉症的孩童穿衣服是為了讓自己高興。以我為例，雖然女生都不穿寬鬆的鞋子，但我不想穿讓腳痛的鞋子，所以我選擇了男生的網球鞋……

其他孩子不曾注意這個，偏偏他們注意到了。就我所能記得，有一個女孩打電話給我，說她很喜歡我的鞋子，問我哪裡可以買得到。我沒有戒心，就告訴了她。沒有想到我相信她會喜歡我的鞋子，是她與其他一旁偷聽的女孩所認為最可笑的一件事。

自閉症孩童通常有很特別的行走姿勢，注意力狹窄而專注，不太能解讀社交線索。他們是很容易的目標，被模仿姿勢，被嘲笑的興趣，以及說服他們去做讓他們惹上麻煩的事——都是霸凌者的娛樂。

當霸凌者覺得想要貶低某人來感到優越（或確認優越的地位），很容易就能找到藉口，目標可能是任何人：

1. 新搬來的孩子。
2. 學校中年紀最小的孩子，因此也最瘦小，有時很害怕，沒有安全感。當中學或高中有一班新生時，霸凌事件就會增加。
3. 受過創傷的孩子——先前有創傷經驗，非常敏感，避免同儕以逃避更多傷害，有困難開口求助。
4. 被動的孩子——焦慮，缺乏自信，容易跟隨，會去取悅或討好其他人。

5. 有些行爲讓其他人覺得厭煩的孩子。
6. 不願意打架的孩子，寧願和平解決爭端。
7. 害羞、內向、安靜、膽怯、敏感的孩子。
8. 窮困或富裕的孩子。
9. 霸凌者認爲目標的種族或血緣是劣等、可以被鄙視的。
10. 霸凌者認爲目標的性別與性傾向是劣等、可以被鄙視。
11. 霸凌者認爲目標的宗教是劣等、可以被鄙視。
12. 聰明、有天分的孩子——因爲鶴立鷄群而成爲目標——也就是不一樣。
13. 獨立的孩子，不在乎社交地位，不跟從流行。
14. 自在表達情緒的孩子。
15. 胖或瘦，矮或高的孩子。
16. 戴牙套或眼鏡的孩子。
17. 有面皰或其他皮膚疾病的孩子。
18. 在生理上與大多數孩子不一樣的孩子。
19. 有生理或心智障礙的孩子。這些孩子被霸凌的可能性比其他孩子多三倍，因爲他們有明顯的障礙，是霸凌者的現成藉口；他們不太融入班上，因此比較沒有朋友可幫助；他們缺乏言語或肢體能力來保護自己。有注意力缺陷的過動兒也許會比較衝動，沒有想到行爲的後果，因此會故意或無法避免地惹到霸凌者。

20. 運氣不好的孩子——只因爲霸凌者想找人下手而遭到攻擊。

亞歷珊卓・席亞（Alexandra Shea）描述霸凌者如何對付不一樣的孩子。她說自己是個「明顯害羞、封閉、有點古怪的獨生女」，她寫下了對於夏令營的恐懼。在清單上的第四項：

她們是管理這個鄉下集中營社交階級的小頭目們，一群霸凌公主，在六年級的女性社會中時常可見。她們的髮型完美，衣著亮麗，可決定誰加入、誰注定要被放逐到黑暗的外界，受盡嘲諷、耳語與排擠。我從心底知道我會落入哪一邊……我清楚明白書本不是適合的消遣，愛看書的孩子在社會階級中比有狂犬病的浣熊還不如。喔，是的……我的確是個怪小孩。

亞歷珊卓・席亞，

〈我在夏令營沒做的事〉，《全球郵報》

幾乎所有人都遭受過某種霸凌，就算我們自己是霸凌者——事實上，尤其我們若是霸凌者。第五章將說到，霸凌者大多是向生活中更強大的人學習成爲霸凌者。國際知名的精神科醫師艾利斯・米勒博士（Dr. Alice Miller）在《爲了你自己好》（*For Your Own Good*）中寫道：「人們很難相信這個簡單的事實，所有的加害者都曾經是個受害者。但是應該顯而易見，一個在童年感到自由與堅強的人，就不會需要去羞辱其他人。」

感到自由與堅強，是任何孩童想要茁壯的必要元素。如第一章（頁27）「悲劇的場景」，霸凌者、被霸凌的孩子與旁觀者都是這個暴力循環的角色，都爲這個經驗所弱化。對於受害者的刻板印象是根據一個孩童被一再霸凌後的模樣與行爲而定的。

當一個孩童成爲霸凌者的目標後，他的反應將決定他是否從目標變成受害者。亞歷珊卓・席亞無疑是爲「霸凌公主們」所影響，她們是她想逃避夏令營的四個理由之一。但是她並沒有被她們的嘲諷、耳語與排擠所打倒。她在文章中寫道：「隨著時光與溫柔的慈悲，我靠著自己堅強起來。現在我的生活充滿了朋友與歡笑。我不再害羞。」她也說霸凌公主們長大後，不一定會改變：「她們仍然在我們之間，躲藏在社交禮儀之下，很薄的一層。」

若孩童被打倒——順服了霸凌者而表現出壓力、恐懼或冷漠；或無法決斷地反應（或反擊）——在情緒上與生理上都會有所改變。他與遭受攻擊前不一樣了；後來的攻擊都會針對這個弱化的目標。目標因爲無法應付自己遭到傷害所產生的內疚、羞愧與失敗感，愈來愈與同儕疏遠，無法專心於課業，發展出求生策略而不是社交能力，他的生活劇烈改變了。旁觀者對霸凌者與目標的反應將大幅影響霸凌者的膽量與目標的弱化。

艾文・藍西從一個目標變成了受害者，他在監獄中度過餘生。他很害羞，身材瘦小，受困在阿拉斯加貝索地區高中（Bethal Rigional High School）的僵化封閉社交系統之中，多年遭到霸凌。在〈卸除憤怒〉（Disarming the Rage，《人物雜誌》，二〇〇一年六月四日）一文中，他對作家朗恩・艾瑞亞斯（Ron Arias）描述霸凌：「大家給了我一個綽號，史刮奇，電視影集『下課鐘聲』中那個書呆子角色……他們對我丟東西，吐口水，揍我。有時我會反擊，但我不善於打架。」他先是向教師報告，「一段時間之後，校長叫我不要理那些人。但一個人的忍耐是有限度的。」

一九九七年二月十九日，艾文上學時帶了一把霰彈槍，槍殺了同學喬許・帕拉修與校長朗恩・愛得華。艾文以成人身分受審，被判處二百一十年徒刑。他在監獄的牢房中承認：「一把槍讓我感覺有力量。那是發洩憤怒的唯一方法。」艾文要到八十六歲才有資格假釋，他說出了被霸凌孩童的眞實心聲，希望成人能夠了解：「如果沒有經歷那種對待，我的人生會大不相同。」

另一位青少年被判處八年半的徒刑，因爲他在二〇〇一年二月十四日偷帶了一個裝滿槍枝與炸彈的背包進入紐約州艾米拉的南方高中（Southside High School）。傑若米·蓋特曼多年來都是霸凌者的目標，他打算大開殺戮，但又明白不能殺害無辜者，於是向警方投降。他說他知道自己做錯了，應該接受懲罰：「我眞的相信大家都討厭我。我覺得很困惑、孤單與絕望……但我知道自己不是一個殺人兇手。」

在ABC電視台新聞的訪問中，來自科羅拉多州利多市的瑞秋說，她可以了解那些想在學校殺人來報復霸凌者的孩子們所感受到的孤獨、虐待與仇恨。瑞秋被同學折磨了五年半，「他們竟然舉辦一場比賽，獎勵誰能想出最好的綽號來描述我的醜。他們會踢我膝蓋後面來絆倒我，害我瘀青。」她是一個安靜的女孩，每次遭到霸凌後就更退縮，放學後把自己關在房間中哭泣。只有在轉學到另一所學校，她才逃離了霸凌，「我終於感覺又像一個人。」

瑞秋可以轉學到新學校。伊莉莎白·布希沒那麼幸運。她必須被法院監護數年，在精神病院完成學業。二〇〇一年三月七日，她把父親的槍帶到學校，射傷了另一個女生的肩膀。受害者是伊莉莎白以前的朋友，她加入了其他女生一起嘲笑她「白痴、笨蛋、胖子、醜八怪」。每天都將她排斥於社交圈子之外。這群霸凌者完全不知悔改。事實上，有幾個人甚至很不解，爲何「逗」她會讓她這麼難過。她們就是不明白。伊莉莎白則表達悔意，願意爲自己的行爲負起全責。

羞愧、祕密與哀傷

這些情況怎麼會惡化到這種程度，而沒有任何成人注意或干預？這些孩子爲何不告訴其他人？在以上的故事中，成人都知道，孩子有求助，但很少人得到幫助。父母通常是最後一個知道的。對伊莉莎白‧布希的審判庭上，她父親告訴記者：「我們無從得知她受到這樣的嘲弄。」

你的孩子若是霸凌者的目標，別指望他會直接告訴你：「嘿，猜猜看今天我遇到什麼事？」不可能的。孩子有很多理由不告訴成人：

1.他們很慚愧遭受霸凌。霸凌者意圖讓目標感到沒有自尊、不受歡迎、孤立與羞辱。男孩比女孩更不容易告訴成人。因爲文化教養他們要「忍耐」、「堅強」與「自己來」，加上「別哭」與「別跑去找媽媽」這兩個傳統的告誡，女孩與男孩都不太會報告性別霸凌，反而會「逆來順受」，視爲社會與學校文化醜陋的一部分，不會很快改變。較小的孩童比較會說出來，因爲他們仍相信可以向成人求助，希望成人會幫忙。較大的孩童知道這不一定正確，經驗也常證明了他們的想法。

2.他們害怕若告訴成人會遭到報復。霸凌者以威脅來加強恐懼。恐懼與可能的報復威脅助長了「沉默是金」，讓霸凌者的暴行得逞。

3.他們不認爲有人能夠幫助他們。被霸凌者感到愈來愈孤立，相信自己孤獨無助。霸凌者太有力量、太狡猾、太聰明，無法阻止。

4.他們不認爲有人願意幫助他們。別人叫他們要跟霸凌者好好相處，或不要惹他們，或反擊，不要當個「膽小鬼」。

5.他們相信文化的謊言，認爲霸凌是成長的必要過程。可能很痛，但這場經驗是童年的一部分。

6.他們也許相信成人是謊言的一部分，因爲不僅是孩童對他們霸凌，有些成人可能也霸凌他們。這些成人霸凌者也許「准許」其他孩童來折磨他們，或至少默許這樣的行爲。

7.他們學到「告密」是錯的、不酷、「幼稚」的——就算同儕對他們霸凌。對於言語、肢體或人際關係霸凌，「忍過去」或忘記這回事是比較成熟的反應。

孩童也許不會直接告訴成人，因爲上述原因而被霸凌，但他們會提供線索，我們只需要加以注意。若你直覺有霸凌事件發生，別忽視它。

孩子以五種方式表達：身體、表情、眼神、音調與言語。有時他們的言語是藉口或掩飾眞正想說的。不要忽略了孩子行爲的改變，認爲只是一個階段，終究會過去。要注意任何改變的頻率、時間與強度。霸凌會帶來長期的生理與心理影響。當你看到警訊，傾聽言語與動作之外的訊息，試著設身處地爲孩子想。

警訊

1. 突然對課業失去興趣或拒絕上學。根據國家學校心理學家的一份報告，美國每天有十六萬名學生因爲畏懼霸凌而缺課。何必故意去學校招惹霸凌者呢？
2. 走不尋常的路線去上學。學校在南邊，卻朝北再朝東走，因爲南邊有一群要揍人的霸凌者，或搶你的夾克，或拿走你的午餐錢。
3. 成績退步。擔心如何躲開霸凌者、擺脫對威脅的恐懼、從上一次的攻擊恢復，這樣是很難專心在學業上。在霸凌循環的後期，你的時間與精神都會花在計畫報復，而不是學習、寫功課上。
4. 從家庭與學校活動退縮，想要一個人。當你感到孤立、羞愧、恐懼與羞辱時，你只想縮起來，不跟任何人談話——或把自己鎖在房間中哭泣。
5. 放學後很餓，說弄丟了午餐錢，或在學校不餓。霸凌者以勒索午餐錢爲樂。餐廳是排名第三的霸凌地點，僅次於操場與走廊，所以就算你有午餐錢也最好避開。
6. 拿父母的錢，編造用錢的理由。霸凌者的勒索、威脅、報復讓你相信，偷拿父母的錢至少比較沒有風險。

7. 一回家就衝進廁所。廁所是排名第四的霸凌地點，所以最好還是「忍住」，就算可能造成膀胱發炎。膀胱發炎絕不會像被人頭下腳上淹進馬桶那樣難受，或在鏡子上畫了侮辱你的塗鴉。

8. 沮喪、陰沉、憤怒，接電話或上網後感到畏懼。不知道如何告訴父母，電話另一端的女生嘲笑你，然後大笑才掛掉。你不好意思說出一個男生 email 給所有朋友的下流謊言，讓你打開信箱後害怕得站不起來。霸凌者說你絕對逃不了。你父母能做什麼而不會變得更糟？

9. 做出不符合性格的事情。你寧願逃學被抓，也不願意每天在操場被霸凌者環繞，假裝在玩遊戲。你寧願在下課時間脫下褲子，只要那些女生答應不再嘲笑你，讓你加入她們的社交圈。

10. 用下流或貶低的言語來談論同儕。如果有人給你取了綽號，戳弄、推擠、排斥與嘲笑你，你對那些霸凌的孩子與旁觀者就不會有什麼好話。而除了他們之外還有誰好談？

11. 停止談論同儕與日常活動。如果你被霸凌，日常活動就充滿了痛苦、挫折、恐懼與恐怖。還有什麼好說的？

12.衣服被藏起來、被扯破或不見。你不喜歡逃避衝突，而打架時不是一對一的公平競爭。但說打架會比被揍、被嘲笑要好，而且他們威脅若說出去還會被打，上次你告訴父親霸凌的事，他要你反擊。你必須交出最喜歡的外套，不然就會被打，而說你「不小心」留在更衣室會比承認被搶走更好。

13身體上的傷勢不合情理。說你撞上置物櫃會比承認被推擠撞上更好。說你跑去上課扭傷腳踝會比被女生絆倒更好。「我不知道怎麼會有這個黑眼圈；一定是從床上跌下來。」聽起來比較沒有那麼痛，而不是有人在你上學時把你壓在地上毆打一頓。

14胃痛、頭痛、恐慌發作、失眠、睡太多、疲倦。霸凌對頭腦與身體都是一大傷害。身體面臨霸凌壓力的反應是啓動化學防禦系統，讓你能戰鬥或逃跑。但每天遭受攻擊，防禦系統永遠無法解除。腎上腺素不停分泌，身體不斷保持最高警覺，胃部翻騰，四肢顫抖，腦部麻木。不斷地抗拒與恐懼霸凌會消耗心理與生理的防禦。最後系統崩潰，心理與生理陷入耗盡的狀態。

受凌而自殺與大殺戮

許多孩子遭受嘲笑、難堪、毆打與羞辱，每天戴著正常的面具，但在微弱與緊張的微笑之下是嚴重的受傷。這種痛苦若不解除，孩子也許會大反擊，接下來的這些徵兆將比上面列出來的更令人緊張。康乃爾大學人類發展學教授詹姆斯・卡巴瑞諾（James Garbarino）的著作《迷失的孩子：我們的兒子為何變得暴力？我們如何拯救他們？》（*Lost Boys: Why Our Sons Turn Violent and How We Can Save Them?*）談到攻擊一個人的存在核心所導致的嚴重後果：「羞辱產生了恐懼，一個人的存在會消失，心靈完全滅絕。對人類精神最大的傷害莫過於排斥、暴行、缺乏愛。沒有任何事……比對靈魂的侮辱更嚴重。」他解釋遭到羞辱的孩子很容易用暴力攻擊來表達他們不是微不足道，他們確實存在。在一個受折磨的孩童內心，心靈滅絕的威脅加上需要回應霸凌者威脅的不公，以及同儕與成人的袖手旁觀，讓他只有一個選擇——展開反擊。暴力不是無故發生，不是無法預料，也不是突如其來的。暴力是通常很漫長的一齣戲劇的悲劇結局，一路上都有些許線索、嚴重的警訊，以及哭著求助。

在《受凌而自殺，下課時的死亡》中，尼爾・馬爾與提姆・菲爾德想出了受凌而自殺（Bullycide）這個詞，更正確描述被霸凌的孩童選擇自殺，也不願再多活一天面對霸凌。英國每年最少有十六個孩童因為被同儕欺負而自殺。每十三個美國高中生就有一個在一年內嘗試自殺——這個比例在過去二十年來增加了三倍。二〇〇〇年，超過兩千名孩童自殺。沒有統計其中有多少是受凌而自殺。

但毫無疑問，布萊恩・希德是受凌而自殺——十五歲的少年，喜歡寫詩。一九九四年三月二十八日，布萊恩走進經濟學的教室，拿出槍頂著自己的頭，對全班宣布，「我再也受不了了。」然後扣下扳機。他母親說他被同學嘲笑欺負多年。「較受歡迎或運動好的學生時常把他當成目標。他們會拍打布萊恩的後腦，或把他推進置物櫃。他終於崩潰了。」布萊恩在死前寫的詩，他父母在喪禮後才發現，說明了他所承受的暴力。他寫下同儕覺得他是「不重要的東西」、「可以買賣、扭曲、嘲弄」，他寧願退入死亡的黑暗中，因爲「在陰影中，他們的邪惡目光無法把我的靈魂瞪成空無……我可以自由行動，沒有他們對我的批判注視……我可以睡，不會夢見絕望與欺騙。陰影是我的家。」

布萊恩是個安靜、溫和、有天分的孩子。同儕無情的攻擊逐漸折損了他的精神，摧毀他的自我感。我們不禁懷疑，有多少其他孩子選擇死亡的黑暗來逃避同儕的暴行？

我們知道有些孩子長時間吞下痛苦，然後有一天反擊。在美國每八百個高中生之中，多至二十個可能有「高風險」會在學校射殺他人，這是紐約州艾佛大學請哈里斯民意調查（Harris Poll）的統計。詢問八年級到十二年級的二千零十七名學生關於校園暴力，包括他們是否曾想過射殺學校中的某人。百分之八的青少年說想過，其中百分之十說計畫過在學校殺人。研究人員問如何弄到槍枝，每八百名學生中有二十個考慮過校園槍擊並且有管道弄到槍，大多是男生，從十一年級到十二年級，他們在家中或學校感到不受重視，生活品質較低，這是根據他們對問卷的回答而得知。加拿大由於槍枝管制嚴格，問題比較沒有那麼嚴重，但除了用槍之外，還是有很多方法可以作亂。

二〇〇一年三月八日，ABC電視公司的「早安美國」問卷調查了遍及全國的五百名高中生，發現有學生被視為可能有暴力傾向時，通常是曾經被霸凌的男生，而不是霸凌者。每十個中有七個說他們能想到的可能攻擊者是男生；百分之二十九想到是男生或女生。只有百分之二想到女生。四分之三說可能是被嘲弄的人，而不是嘲弄他人的人。研究證實了這些青少年的意見。美國特勤局在二〇〇〇年進行的研究中，從一九七四年以來發生的三十七件校園槍擊案之中，超過三分之二的槍手是曾經被「迫害、霸凌、威脅或傷害」的孩童。

預測暴力青少年行為的警訊

接下來是兩項評估工具，列出可能的暴力青少年行為。這些工具所列出的徵兆是用來判斷是否有悲劇正在醞釀，而不是用來指控或排斥某個孩童。這些徵兆是警訊，特徵的數量與組合都很重要。有些徵兆是霸凌者的側寫，有些是屬於被霸凌者的，有些是兩者兼具。在我與困擾或受暴的年輕孩子的工作經驗中，我發現他們都曾經受過傷害、虐待、忽視或被排擠。他們表達出無望的感覺，通常被憤怒所掩飾。他們說出被侵犯後的恐怖不公，在傷害了自己或他人之後，來到我所參與的計畫——通常這時再注意警訊已經太遲了。回顧起來，警訊都清楚可見，只要有人願意注意與傾聽。

本書〈前言〉所列出悲劇中的孩童都有線索可循。但對他們而言，下面介紹的兩種徵兆只能當成死亡後的心理驗屍。最好是能用這些徵兆來評估求助的需要，在悲劇發生之前加以干預。

暴力行爲預測的專家蓋文・迪貝克，在其書《保護賜予》中，列表描述了青少年在事發前的暴力徵兆：

1. 酗酒或嗑藥
2. 沉迷於影視媒體
3. 漫無目標（時常改變目標與期望，不實際的願望，缺乏毅力與自我紀律達成目標）
4. 沉迷於武器
5. 使用過槍枝
6. 可以拿到槍枝
7. 憂鬱、憤怒、沮喪
8. 透過暴力尋求地位與價值
9. 威脅（暴力或自殺）

10. 長期憤怒

11. 排斥／羞辱

12. 媒體刺激（大規模的媒體報導暴力會刺激一些人認同犯事者所得到的矚目）

他也說，許多犯下極端暴行的人沒有學到管理生活的七種主要能力，在丹尼爾・科曼（Daniel Goleman）的書《EQ》一書中有所詳述：

- 激勵自己
- 面臨挫折再接再厲
- 延遲享樂
- 調整心情
- 懷抱希望
- 有同理心
- 控制衝動

缺少七種能力的任何一種，都可能是暴力徵兆。重要的是，若成為被霸凌的目標，就很難發展出其中四種能力。若每天都被霸凌，甚至很難激勵自己起床上學。上學之後面臨受攻擊的威脅，明知不管採取什麼防範或讓步都沒有用，就很難面臨挫折後再接再厲。當你被忽略、排擠、閒言、鄙視與毆打時，很難調整心情。你搭上了恐懼、憤怒、挫折與悲傷的雲霄飛車。你若能稍稍控制自己的生活，有選擇可行，有其他的歡笑與歸屬來平衡時，比較容易調整心情。當每天都充滿了傷害與痛苦、排擠與攻擊時，很難懷抱希望。你若被霸凌很長一段時間，就會放棄任何人來幫助你的希望，當然也會放棄靠自己來停止霸凌的希望。

迪貝克教授也指出，可能犯下暴行的孩童不一定有惹麻煩的歷史……這表示若一個孩子有數項暴力徵兆，不應該只因爲有人說「他從來沒惹過麻煩」就忽略不管。尤其要注意被霸凌的孩子。當生活變得難以忍受，如被無情霸凌的孩子們，只要有一、兩個徵兆就可能代表嚴重的問題。媒體刺激加上憂鬱、憤怒、沮喪，還有難以忍受的生活——多半是因爲排擠與羞辱——就可能讓一個聰明的孩子開飛機撞入建築物自殺。

派普丁大學（Pepperdine University）國家學校安全中心所研發的青少年暴力行爲預測評估工具（如下頁），有許多徵兆與蓋文・迪貝克描述的一樣，只是使用不同的字眼。兩張列表都包括了其他人所忽略的項目。身爲父母與教育工作者，我們需要各種幫助來覺察可能的危險徵兆。當擔憂潛在暴力時，使用兩張列表的徵兆不會過度誇大風險，加起來甚至可以更清楚顯示出危險。

下列每一個問題若回答「是」就加五分，總分可判斷一個孩子的暴力行為傾向。

- 有創痛與無法控制暴怒的歷史。
- 有喊綽號、辱罵或言語凌虐的習慣。
- 憤怒時習慣暴力威脅。
- 在學校與社區有嚴重紀律問題的背景。
- 有嗑藥、酗酒或其他藥物濫用與成癮問題。
- 同儕中的邊緣人物，只有少數朋友。
- 擁有武器、爆破物或其他易燃物品。
- 受過嘲弄、被停學或開除學籍。
- 對動物殘忍。
- 幾乎沒有父母或成人關懷與支持。
- 在家中目擊或遭受過凌虐或疏忽。
- 霸凌或威嚇同儕或更年輕的孩童。
- 被同儕或較大的孩童霸凌過（這一條是作者加上的）。
- 習於把自己造成的困難與問題怪罪其他人。
- 喜歡暴力主題的電視節目、電影或音樂。

——喜歡讀關於暴力主題、儀式與虐待的讀物。
——在學校報告與作文中反映憤怒、挫折與生活的黑暗面。
——參與幫派或反社會團體以求取同儕接納。
——時常沮喪或有顯著的情緒起伏。
——威脅或嘗試過自殺。

五～二十分：孩童面臨了青少年問題的風險。
二十五～五十分：孩童有風險，需要大量正面支持、監督、角色楷模與培養能力。
五十五分以上：孩童是一顆定時炸彈。孩童與親人都有風險。向社會與衛生單位、青少年服務專業人士與警方尋求協助。

我們需要超越這些徵兆，注意所有暴力孩童的生活背景、經驗與生活環境對暴力的影響。暴力行爲的成因就像孩子本身一樣複雜，父母的支持、家庭生活、同儕團體、霸凌、媒體暴力與接觸到槍枝，都有某種影響。如果青少年認爲學校中被欺負的孩子是潛在的攻擊者——統計數字似乎證明此點——那麼不讓孩童承受霸凌會有效地降低暴力行爲，當然也會減少選擇自殺而不去面對霸凌的孩子，如布萊恩・希德。

菲力普・麥格羅博士（Phillip C. McGraw, Ph.D.）談到伊莉莎白・布希的案子，曾經如此建議：

身為父母，我們必須拿下眼罩，去考慮難以考慮的，看清楚這個失落世代的痛苦真相。暴力行為永遠沒有理由，不管你怎麼煎餅，一定都有兩面。導致這件悲劇的因素包括了犯行與疏忽的行為。當學生排擠、孤立、在心理上折磨同儕時，這些目標就像受傷的動物一樣會反擊：這是犯行的行為。他們要負起責任，而那些袖手旁觀、容許痛苦發生的人也要負責：這是疏忽的行為。

讓我們不要因憤怒而回顧，或因恐懼而往前看，而要以覺察環顧四周。

——詹姆斯・索伯（James Thurber）

【第四章】

旁觀者

十二個對一個；
安格斯有什麼機會？他們包圍了他，
脫下他的外套與褲子，襪子與鞋子，
穿著襯衫，他們把他丟進
大垃圾桶中；然後
把墨水與蜂蜜倒在他頭上，用繩子
把垃圾桶吊在屋樑下
他在空中，我只看到他的眼睛
透過縫隙望著下方的我們。

——約翰・貝傑曼爵士（Sir John Betjeman），
《鐘聲召喚》（*Summoned by Bells*）

旁觀者是這個故事的第三組演員。他們是配角，協助霸凌者演出犯行的戲碼。他們可以站在一旁，望向別處；或主動鼓勵霸凌，或加入成爲霸凌的一員。不管是什麼選擇，都要付出代價。主動參與霸凌者或爲他加油，鼓勵其反社會行爲，旁觀者就可能對酷行麻木，自己成爲徹底的霸凌者。當孩子旁觀霸凌者的反社會攻擊行爲時，他們比較會模仿，把霸凌者視爲受人歡迎、強壯、大膽的模範。十歲之前的孩童常用言語、肢體與人際關係來貶低他人，提升自己在同儕中的地位。霸凌者顯然不會有負面的後果，加上許多獎勵，如地位升高、喝采、笑聲，以及讚許（有時還有金錢獎賞），都逐漸消解旁觀者對這種反社會行爲的內在約束。再加上一群熱中參與演出的同儕，就有了第三個元素：個人責任感的減少。霸凌者不再單獨行動；旁觀者成爲霸凌者之一，一起詆毀目標。這種一起沉淪也減少了個人的內疚，誇大了貼在目標身上的缺點：「媽，他眞是愛哭。我們只是瞧他一眼，他就抱怨。」「她是個書呆子；穿那麼笨的衣服，走路總低著頭。她甚至不肯微笑。」

缺乏對霸凌的約束、內在控制的瓦解、降低內疚與誇大目標的缺點，都培養出成見、偏見與歧視的世界觀。妨礙孩童發展出同理心、同情心與設身處地——同儕關係的三種成功要素。

袖手旁觀或轉身不顧，也要付出代價。對不公義的忽視或否認會傳染到那些以爲可以逃避的人。旁觀者因恐懼而掙扎，知道若什麼都不做，就是把道德責任推到目標身上，他們的自信與自尊也會因此腐蝕。

約翰・貝傑曼爵士的詩中，安格斯從垃圾桶縫隙看著下面的人。我們可以想像他眼中充滿了無助與絕望，因爲旁觀者什麼都沒說，更沒抗議或舉手阻止這件事。情況殘酷，讓人難以思考。但貝傑曼思考了，經過這麼多年，然後把他的不安與內疚，還有安格斯的痛苦寫成文字。霸凌事件的影響是不會放過任何人的。

沒有無辜的旁觀者

作家威廉・布洛（William Burroughs）提出一個聳動的觀念：「沒有無辜的旁觀者。」然後又提出同樣聳動的問題：「旁觀者爲何要站在那裡？」世界頂尖的霸凌與同儕騷擾研究學者，挪威伯根大學（University of Bergen）的丹・歐維斯博士（Dan Olweus, PhD）所發展出來的霸凌循環圖（下頁），指出這些不怎麼無辜的旁觀者是什麼人，他們在霸凌情況中的作用。他以逆時鐘方向說明了包圍目標的幾種角色。

在《歐維斯反霸凌與反社會行爲計畫：教師手册》（挪威伯根大學健康促進研究中心，一九九九年），作者解釋了這個循環圖的用處，供教師、父母與學生來討論防範霸凌的方法，以及讓孩童願意加入圖右方的族群。

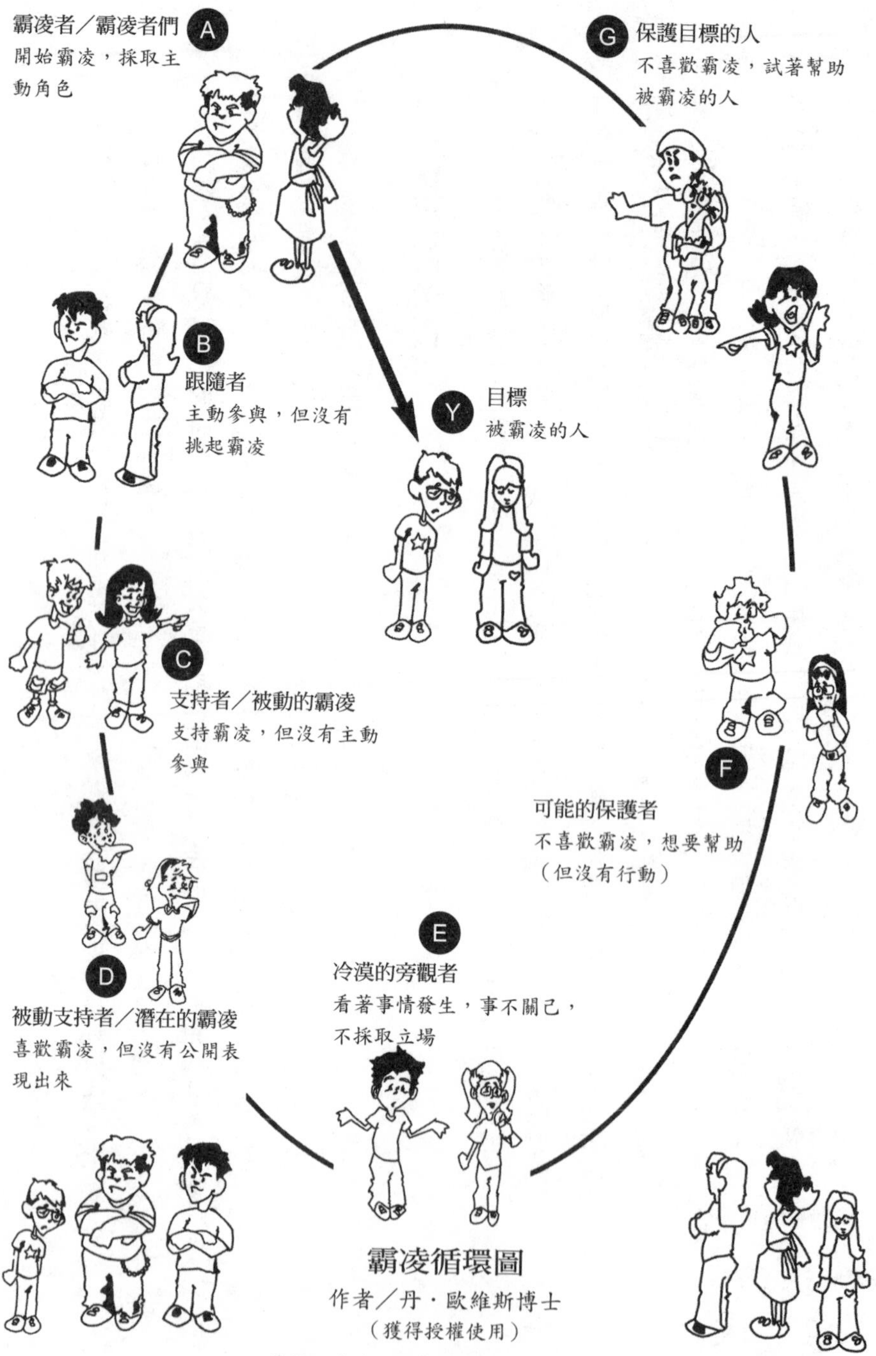

霸凌循環圖

作者／丹・歐維斯博士

（獲得授權使用）

繪圖：喬埃・科婁羅索（Joey Coloroso）

加拿大安大略省多倫多市的一項研究支持了歐維斯博士的觀察：大部分同儕都不會幫助被霸凌的同學。派普勒與克雷格（W. M. Craig）在城市學校操場上檢視了同儕在霸凌情況中的角色。他們的研究揭露以下的數據：

- 同儕參與了百分之八十五的霸凌事件。
- 同儕在百分之八十一的霸凌事件中強化了霸凌。
- 同儕對霸凌者的尊重與友善超過了被霸凌的人。
- 同儕主動參與百分之四十八的霸凌事件。
- 同儕在場時，只干預了百分之十三的霸凌事件。

問題是，爲何百分之八十一的孩童沒有挑起霸凌，卻願意參與攻擊，或對被霸凌的孩子視若無睹？最常提出的四個不干預的理由是：

1. 旁觀者害怕自己受傷。霸凌者更高大，有讓人恐懼的名氣；插手干預似乎不聰明。
2. 旁觀者害怕成爲霸凌者的新目標。就算能夠成功干預，後來也可能遭受報復。霸凌者很容易對想干預的人產生敵意。
3. 旁觀者擔心插手會使情況惡化。在加州，安迪．威廉斯的朋友擔心，若把安迪對霸凌的威脅告訴校方，安迪會被開除。事後看來，被開除要比因謀殺而終生監禁好多了。

4. 旁觀者不知道該怎麼辦。沒人教他如何干預、報告校方，或協助被霸凌者。就像霸凌是學習來的行為，孩童也需要學習才能阻止霸凌。

就算這些理由很合理，也無法恢復一個孩童因為不願意或無法有效阻止霸凌而受損的自信與自尊。這些恐懼與無能往往會變成冷漠，進一步可能演變成鄙視。鄙視在冷漠的氣氛中容易茁壯。我們在第二章提過，鄙視是霸凌的根源。

旁觀者有更多不干預的藉口——而不是眞正的理由——這些藉口會毒化社交環境，讓旁觀者更容易支持霸凌，最後也成為霸凌者。以下舉出九種藉口（當然不限於此）：

1. 霸凌者是我朋友。當霸凌者被視為朋友時，孩子比較不願意干預，即便這個朋友並不公平，不值得尊重。

2. 這不是我的問題！又不是我帶頭打架的！不要干預其他人的事，做好自己的事，保護自己的利益，旁觀者的藉口是自掃門前雪。這就是冷漠。在《拯救者：納粹大屠殺時的道德勇者》（*Rescuers: Portraits of Moral Courage in the Holocaust*）一書的前言中，辛西亞・歐席克（Cynthia Ozick）寫出這種藉口的潛在危險：「冷漠終於變得致命……袖手旁觀的行為，不管多麼無關與無害，仍然是一種行動。」

3.被打的又不是我的朋友。當被霸凌的目標是朋友時，孩童比較願意干預。因此霸凌者常挑比較沒有朋友的人來欺負。

4.他是孬種。在高度競爭的文化中，很容易把被霸凌的人當成失敗者。旁觀者擔心若支持被霸凌的人，會失去自己在團體中的地位。

5.他活該被打，自討苦吃，罪有應得。「幹嘛阻止大家都容許的事？他甚至不爲自己爭取，那別人又何必爲他出頭？」這個藉口似乎讓旁觀者脫罪，但沒有考慮到霸凌的基本動機是鄙視。沒有人有權剝奪他人的尊嚴與自我價値。目標孩童無法總是靠自己來對抗霸凌者（或一群霸凌者）。

6.霸凌會把他磨練得更強。霸凌者不會讓目標變強，而是羞辱與激怒目標（看「三個角色與一場悲劇」，頁24）。

7.誰想當打小報告的或告密鬼，害別人惹上麻煩？這個藉口沒考慮到的是，在惡人面前的沉默是不道德的。

8.和大夥是同一國，總比替那個遭到排擠的人說話來得好。在結黨中，一旦領導者挑出某個人當目標，其他人通常就會無意識地跟隨，聽從霸凌者的命令，而不考慮外人的權利與感覺。團體緊密連結，不容許抗議、反對或不同意見。結黨時對於認同與接納的需要非常強烈，就算旁觀者感覺想爲目標說話，這種熱忱也很快就會熄滅。當結黨成爲常態，就有清楚的「我們」、「他們」與「比我們與他們還低等的人」這些區分，因此可以肆無忌憚地加以鄙視：「科倫拜是個乾淨的好地方，除了那些被排斥的人。大部分學生都不喜歡他們。」

9.不想為這種事傷腦筋。旁觀者必須衡量對團體效忠或幫助目標孩童兩者的好處與壞處。這種算計會造成極大的情緒壓力。爲了快速減輕壓力，只好放大與團體一致的好處，也放大幫助目標孩童的壞處。加上之前四種合理的理由，與前面八種藉口，答案似乎很簡單——不要干預；還有紅利——不再頭痛了。對孩子與許多成人而言——挺身仗義執言可能很複雜、冒險、困難又痛苦。

這些理由與藉口加在一起，使同儕之間失去禮儀。當禮儀降低，就會爲虛假的地位感所取代，無法包容差異，以及隨意排斥，讓孩子在傷害其他人時，不會感到同情、慈悲或羞愧。禮儀的敗壞也讓孩童失去了溝通、商量與妥協的能力——這是解決問題、消弭衝突與協調差異的三種重要能力。

二〇〇〇年十月十日，十四歲的唐瑪麗・衛斯理用狗鍊在臥房上吊自殺。她的遺書指出三個女孩霸凌「殺害她」。這個案件在司法上是一個里程碑，起訴了霸凌者。二〇〇二年三月二十六日，其中一名女孩被判威脅與刑事騷擾罪名成立。在《全球郵報》的一篇文章中，洛德・米可伯（Rod Mickleburgh）寫出在法庭上的證詞：「她們威脅要毆打十四歲的唐瑪麗，有一次在許多學生面前。唐瑪麗很害怕，常被威脅到哭泣。她不希望一個人走路回家。她去見了學校的諮商老師。」地方法院法官吉兒・朗恩懷特（Jill Rounthwaite）指責了旁觀者——那些支持霸凌的人，聚在一起「而沒有想到這樣做是助長霸凌者氣焰……我特別不高興的是，沒有一個旁觀者有道德勇氣爲唐瑪麗仗義執言，叫她們走開，不要騷擾她。」（同一天，另一名女孩被判威脅罪名不成立，第三個女孩等待威脅罪名的審判）

霸凌創造出恐懼的氣氛，讓孩子感到不安全。我們必須讓孩子明白，他們有責任協助創造出安全、關懷、尊重與零霸凌的環境。暴力循環可以瓦解，就算是只有一個人有道德力量與勇氣仗義直言，關懷的循環會愈來愈大、愈來愈強。當整個社群都願意對霸凌說不，暴力的循環就會打破。

挺身而出的丹麥人

當納粹（一群恐怖的霸凌者）在一九四〇年入侵丹麥，丹麥人團結發起堅強的反抗運動。拒絕配合驅逐丹麥猶太人的計畫，丹麥人開始把鄰居與親人用小漁船偷渡到瑞典。科學家與漁夫一起合作，想出方法讓納粹用來搜索漁船的獵犬鼻子變得遲鈍。沒有被納粹發現的小漁船載著偷渡者來到海峽與較大的瑞典船隻會合。七千八百名猶太人中，有七千二百人與七百名非猶太裔的親人安全離開丹麥。

反抗軍中的一員，普瑞班．孟克—尼爾森（Preben Munch-Nielson）寫下這趟大膽救援的過程。出生於丹麥小漁村，在猶太人撤離時只有十七歲，他解釋他與其他許多丹麥人為何要反抗蓋世太保：

> 你不能放棄有需要的人。你不能背棄那些需要你幫助的人。人活著要有尊嚴，背棄他人不算有尊嚴。所以沒有疑問，做了就是。我們成長時大人就是這樣教導，這是我們國家的傳統。你當然要助人……若知道這些人在受苦，而你說「不關我的事」，這樣你還能保有自尊嗎？不可能的。所以只需要去做，沒有其他選擇。
>
> ——登在美國華府的猶太人浩劫博物館

同樣英勇的是一位年輕的德國海事外交專員，喬治．杜威茲（Georg Duckwitz）事先把德國驅逐猶太人的計畫透露給丹麥人。他犯下了蓄意背叛國家的行為來拯救生命，願意接受任何懲處後果。

不管以何種方式，身為支持者、身為犯行者、身為受害者，或反抗這個惡劣的體制，人性都會有所改變。我們所有南非人都變得不完整……享受特權的人變得較不關心、較不慈悲、較沒有人性，因此不完整……我們的人性與所有人都相關。我們之所以為人，是因為有歸屬。我們生來群居，一起生活，成家立業，存在一個精細的互助網路中……我們是兄弟姊妹，不管喜不喜歡，每一個人都是珍貴的個體。

——圖圖大主教（Archbishop Desmond Tutu）

《沒有寬恕，就沒有未來》（*No Future Without Forgiveness*）

〔第二部〕

打破暴力循環，創造關懷圈

健康的家庭與團體能讓個人體驗到不自私自利的生活。我們可在這種環境學到負責與助人，因為它提供個人互信的網路與社交上的支持，是當前快速變化的社會所急需的。這種環境以單純古老的訊息來對抗個人的不安全感：「你不是孤獨的。」當人們歸屬於一個有效率的團體時，能感覺到孤立個體永遠無法感覺到的責任感。

——約翰・嘉納（John W. Gardner），〈國家更新〉，於國家文明聯盟（National Civic League）的演講

【第五章】

家庭的影響

我們身為父母，最重要的任務是教出正直、負責與充滿關懷的人，致力於讓這個世界更公正、更慈悲。我們可以為自己與孩子建立一個更溫暖、更仁慈的世界，驅散黑暗與孤立。

——尼爾·庫山（Neil Kurshan）

〈教出正直的小孩〉（*Raising Your Child to Be a Mensch*）

霸凌者、被霸凌者與旁觀者——你的孩子很可能參與了這場每日上演的戲碼。打破這種反社會行為所產生的暴力循環，需要為每一個角色重新定位，重寫他們的腳本，改變這場戲碼的主題。權宜之策如禁足、取消權利與責打霸凌者拯救受害者，只能帶來短暫的效果，通常會使情況更惡化。旁觀者很少會承認自己參與，或了解他們也可以阻止霸凌。丹麥人權鬥士孟克—尼爾森所說的話，我覺得是打破暴力循環、創造關懷循環的第一步：「我們成長時就是這樣教導，這是我們國家的傳統。」在《利他人格》（*The Al-*

truistic Personality）一書中，山姆（Samuel）與皮爾・歐萊諾（Pearl Oliner）指出，在二次大戰拯救猶太人的人，大多歸因於他們的成長教養，他們引述父母的行爲來解釋他們的行動。這些英雄們不是「經過內在掙扎，靠著智慧與理性而做出是非判斷的道德英雄」；剛好相反，「他們最特別的地方，在於他們與其他人在責任與關懷上的情感聯繫。」這些人把團體與家庭的價值變成了內在的準則——言行一致。問起他們花多少時間做出幫助猶太人的決定，超過七成的人說「幾分鐘」。他們並不是在幾分鐘內決定助人，那似乎是一種對日常事件的習慣反應。

我們如何才能勇敢行動，對他人仁慈、公平、對日常事件有習慣性的正直反應？知道怎麼做是一回事，實際付諸行動又是另一回事。道德教育不僅是學習一種美德，也是知道何謂德行，以及有力量照著做。孩子必須想要成爲勇敢行動的人——或仁慈，或公平，或公正——必須知道如何去做，也願意去做。我們可以教導孩子如何去做，但除非他們相信他們是正直、關懷與有負責心的人，否則不會有足夠的意願與意志。

孩子「與其他人在責任與關懷上的情感聯繫」，部分是由成長的家庭所決定。學校與社群也扮演重要角色，但家庭仍是孩子最早學習道德教育的地方。

三種家庭

在我的書《孩子是無價的：給你的孩子內在紀律的禮物》（*Kids Are Worth It!: Giving Your Child the Gift of Inner Discipline*），我提出了三種基本的家庭：磚牆（Brick-Wall）、水母（Jellyfish）與骨幹（Backbone），差別在於支撐的結構。結構影響了家庭的所有情感關係：孩子對父母，父母對孩子，父母對父母，孩子對孩子，甚至家庭整體與外界的關係。檢視這三種家庭，有助於辨識出你的家庭中有助於讓孩子變得正直、關懷與有責任感，或是妨礙的事物。關鍵是覺察到你給予孩子的訊息，直接或不直接，開始覺察到你爲自己與孩子們所創造的情感與實際環境。

磚牆家庭與水母家庭都有助於產生霸凌，或是沒有內在資源來阻擋霸凌的孩子，以及協助霸凌者或袖手旁觀、無力行動的旁觀者。相反地，骨幹家庭提供孩子需要的支持與結構，發展他們內在能力來關懷，以及行善的意願——這些能力都是磚牆家庭所壓抑，而水母家庭所忽略的。骨幹家庭幫助孩子發展內在紀律，就算面臨困難與同儕壓力，他們仍對自己有信心，相信自己能改善事情。

磚牆家庭

在磚牆家庭中，建築基礎的磚塊是用混凝土堆砌出來，讓家庭服從秩序、控制、遵守規矩，以及嚴格的階級統治。孩子被控制、操弄、強迫在意，感覺時常被忽略、嘲弄或否決。父母指示、監督、訓誡、命令、威脅、提醒，並擔心孩子。磚牆家庭基本上是獨裁主義，也許算是善意的獨裁，但還是獨裁。其權力就是控制，完全來自於頂端，因而成爲霸凌孩童的好訓練場，或讓被霸凌孩童更確定自己缺乏價值與能力，缺乏個人資源來對抗霸凌者。

以下是磚牆家庭與暴力循環有關的一些特徵：

1. 父母有絕對的權威，雷厲風行，總是最後的贏家。有時手段是很明顯的粗魯控制：「你要聽我的話，不然……」「你就照我說的去做。」有時是含蓄的，但一樣有傷害性：「讓開，我來示範正確的作法。」「你什麼事都做不好嗎？」孩子學習聽話，不能質疑提出要求的人，或質疑事件的意義與後果。霸凌者學會「命令」四周的人，脆弱的孩子學會「忍受」，旁觀者學會「跟隨領袖」，認爲自己沒有力量改變現狀。

2. 以實際、威脅或想像的暴力來嚴格要求遵守規矩。如果不符合期待標準，就以某種體罰來「矯正」：「我不管你幾歲，做錯事就是該打。」「張開你的嘴！我說過你若再說一次那個字，我就要用肥皂洗你的嘴。」體罰很容易、很快速，能立刻阻止不守規矩。但我們的目標若是想發展內在紀律，也就是，發自內心而非外來控制的紀律，體罰就完全無效。因爲怕挨打而不去做，並不是因爲那件事不對而不去做。研究顯示，大多數的霸凌者與容易被霸凌的孩子是來自於時常體罰的家庭（或隨意而專斷的體罰，如水母家庭的情況）。體罰會助長憤怒與攻擊性，嚴重阻礙了同理心的發展。「打小孩」教會小孩的是：打人是可以的，尤其是較大的打較小的，較強的打較弱的。霸凌者很容易把這個方法用在學校，欺負較小較弱的同學。屈服於霸凌的孩子時常缺乏內在資源來抵抗霸凌，因爲這些資源——較強的自我感與決斷的反應能力——都已經讓體罰給消磨殆盡了。

3. **嘗試用恐懼與懲罰來屈服孩子的意志與精神**。「我不接受任何藉口，去參加比賽。」「不准哭，不然我就會讓你眞的痛哭。」堅強的意志與精神能讓孩子應付嘲弄，也能讓孩子幫助他人，不管團體中的其他人怎麼做。被屈服的意志與精神讓遭受霸凌的孩子與旁觀者都感到無助與無望。同樣地，就是這種被屈服的意志與精神促使霸凌者貶低其他人，好感覺自己「高高在上」。

4. **使用羞辱**。父母用嘲諷、取笑與難堪來操控行爲：「你怎麼會這麼笨？」「你眞是個愛哭鬼，難怪沒人願意跟你玩。」「你若要像個女生，那就乾脆穿女生衣服。」霸凌者學會用嘲諷與綽號來操控被霸凌的孩子與旁觀者。當情緒、想法與興趣被忽略、嘲弄或懲罰，孩子相信是自己有嚴重的問題，其行爲也會如此反應，以致容易成爲被霸凌的目標。「他眞是個膽小鬼。」也許他學會順從來避免父母責罵？「她爲何只是站在那裡被罵？」也許她在家中已經聽過同樣的話？對容易被霸凌的孩子而言，霸凌者所施加的負面訊息在他們家中已經出現過了。

5. **大量使用威脅與利誘**。父母交替使用打罵與討好，孩子因此不知如何是好。這樣對任何品德教育都不好，如包容、誠實、信任、同情或仁慈，因爲沒有選擇。利誘與獎賞的另一面就是威脅與懲罰，嚇阻了孩子抉擇的能力。「你若跟弟弟分享玩具，就可以在雜貨店選一個糖果。」（利誘）「你要跟弟弟分享玩具，不然就要關在房間一個下午。」（威脅）「你可以挑一個新玩具，因爲你分享了一個玩具給弟弟。」（獎賞）「我要把你的玩具都收起來，因爲你無法與弟弟分享。」（懲罰）這些作法都沒有讓孩子有機會願意選擇分享，更顯示我們採取恐懼的心態，而不是信任。若不給孩子獎賞，我們會擔心，「他是否能學會分享？不獎賞，他是否還會繼續分享？如果不獎賞或懲罰，會不會養出一個自私的小孩？」外來的推動只會操控孩子來表現特定的任務，不會激勵任何人來包容、同情、誠實、信任或公正行事。就算利誘或獎賞似乎有效，那些「取悅」大人的孩子並不會眞正了解他們的行爲，對這些行爲更不會有所認同，更重要的是，不會對兄弟姊妹或同儕感受到眞正的關懷，因爲他們做這些事只是爲了獎賞。這些「取悅」的孩子很容易變成過度依賴他人的認可，缺乏自信與責任感——正是旁觀者的典型特徵，他們願意附和霸凌者或袖手旁觀。

6.過度強調競爭。父母鼓勵或強迫孩子競爭，來讓他們表現或進步，「看誰能最快跑到汽車那裡。」「你爲何不能像你哥哥一樣？」「你若更努力一點，就可以打敗她。」霸凌是關於鄙視——強烈地不喜歡被視爲一文不値、次等，或不値得尊敬的人。磚牆父母要孩子喜歡自己的成功，而不重視他們對失敗的弟妹或同儕所產生的同理心。同理心是所有孩童都有的天生能力，必須被滋養。競爭的黑暗面是讓孩子對兄弟姊妹與同儕產生負面感情，扼殺了同理心的發展。過度強調競爭，會訓練孩童把其他人看成是成功的障礙或敵人，而不是欣賞多元化與尊重差異性，也把孩子分爲贏家與輸家。如果霸凌者被視爲贏家（打敗了其他孩子的自尊與自我價值），旁觀者就比較會附和贏家，而不想跟輸家爲伍，更別提幫助他們了。

7.在恐懼的氣氛中學習。錯誤被視爲惡劣的，不准犯錯，因爲目標是完美，「你若尿褲子，就要再穿尿布，像嬰兒一樣。」「你的成績單上不應該出現這個分數。」

害怕犯錯會導致霸凌者的虛張聲勢，「我可以做得到，只是不想做。」還有被霸凌孩子不如人的自卑感，使他首次被霸凌時不敢肯定自己：「我一定是做錯了事才招惹這個。」還有旁觀者不敢冒險，擔心沒有做對事情：「萬一我讓事情更糟糕呢？」

當父母靠恐懼來要求孩子服從規矩時，孩子很小就學會不表達眞實的感受。自發性表達歡樂、歡欣與快樂都被壓抑了，因爲父母壓抑所有的情緒。最後孩子變得非常擔心父母，於是自發性地表達無情；他必須先得到父母「核准」，才知道情緒是否適合。憤怒、恐懼、悲哀或受傷的情緒不僅遭到壓抑，也會直接被懲罰或否定。他們禁止自己表達這些情緒，受困在憤怒、恐懼、悲哀與受傷之中。有時他們甚至拒絕承認生氣或受傷，無法消解這些情緒所帶來的能量。能量在內部累積，就像鍋爐中的壓力，最後會有以下三種可能的結果：

(1)被動自我毀滅。這些行爲顯示自尊不良甚至自我仇恨。被動自我毀滅的人時常避免公開處理情緒或怪罪他人「引發」這些情緒。「我不悲哀」、「不痛」、「是他的錯」，而不是解決問題，這些行爲對有問題的人造成負面影響。

(2)攻擊他人。一個攻擊性的人會想用言語、肢體或人際關係霸凌來控制他人。這些行爲不會解決原來的問題，而是創造新的問題。

(3)被動攻擊。這種行為以有創意的方式綜合以上兩者，表示當事人對自己或他人都沒有責任。他不直接處理人事，而用迂迴的方式來傷害他們，口頭嘲弄或貶低，說只是開玩笑；造謠或假裝關懷，其實是要傷害，是培養內心的憤怒，用負面能量來攻擊可能更受人歡迎、更漂亮、更聰明或更和善的目標。

8. **「愛」是有條件的**。為了能得到感情與認可，孩子們必須聽話，若不聽話就會遭受冷落：「走開，我不喜歡會打弟弟的小女孩。」「我希望你參加曲棍球隊。我們三代都有參加，我不准你因為怕被打就不參加。我的小孩不准認輸。」當愛是有條件時，就完全不是愛。必須時常贏得父母認可的孩子太忙著「取悅」，沒有時間或精神去思考自己在這個世上的獨特意義。他們依賴他人來肯定自己的價值或一文不值，願意去做強勢同儕要他們做的任何事，好贏得感情與認可。

9. **教導該思考什麼，而不是如何思考**。如果孩童被教導該思考什麼，就比較容易被操控，比較容易取悅他人，而不是為自己的利益或幫助他人。「你為何不穿這件紅衣服？比那件藍的好看。」「你不覺得應該穿件外套嗎？」「不要跟他玩，他不是我們這種人。」如果孩子被告知要思考什麼，而不是學習如何理性思考問題，或不讓他們在理性與成人引導的範圍內選擇，他們就無法「跳出框架」來想出可行的替代方案，而會去霸凌他人來滿足需要或屈服於霸凌，無法召喚出內在資源，有效幫助被霸凌的同儕。

外表看來，磚牆家庭似乎是很緊密的團體，但這只是表象。表面之下是動盪的憤怒、暴躁、退化與挫敗，由粗暴、誘騙或威嚇所凝聚在一起，等待著爆發，這也正是創造霸凌者、脆弱的目標與不情願的旁觀者的理想溫床。磚牆家庭沒有給孩子什麼機會來找到自己，發掘能力，成為有用的人。孩子目擊或親身體驗父母所表現的攻擊性與反社會行為，難怪他們會用同樣的手法來滿足自己的需求。他們的個人行為時常被忽略或看成某種自私的手段，不准表達意見與感受。威嚇、誘騙、肢體暴力威脅或真正的虐待，教孩子累積了憤怒與厭惡，然後發洩在對自己或同儕的暴力行為上；有些變得愛抱怨與冷漠，容易為任何權威角色所引導操弄或主宰（包括學校的霸凌）；有些變得軟弱，沒有內在資源來保護自己對抗霸凌或求助。

水母家庭

磚牆家庭的相反是水母家庭，缺乏穩定的結構，但就像磚牆家庭一樣，壓抑了健康的情感流露，即使方法不一樣。在水母家庭中，充斥著縱容與放任的氣氛。孩子被寵慣或放棄、羞辱、難堪，用利誘、威脅、獎賞與懲罰來操控。他們變得高傲與驕縱，或害怕、愛報復。他們不像骨幹家庭中的孩子那樣接收到很多肯定生命的訊息，讓他們能樂觀看待自己與周圍的世界（樂觀的孩子把挫折、錯誤與負面的社交互動看成他們能掌握，或至少能應付的事情，而不是被嚇得無法動彈而受害。他們比較能尋找方法來解決問題，而不是怪罪或放棄）。

水母家庭可以分為兩類，水母A與水母B。在水母A家庭中，因為父母自己的教養，不知道如何為孩子創造健康的結構，保持一致性與設立安全的界線。這種父母可能是在磚牆家庭或磚牆水母綜合家庭中長大，很害怕重蹈自己受虐的覆轍，卻又不知道如何改善。父母在紀律上極為鬆散，沒有設立什麼規矩，容易溺愛孩子。由於自己的需求從未受到尊重，難以辨識出需求，因此把孩子的需求與自己未達成的需求混淆在一起。此外，也不容易區分孩子真正的需要與他們的慾望——有時用奢華的禮物來取代與孩子有意義且必要的相處時間。

水母A的父母會陷在孩子們的生活中，總是要撫平問題，替孩子解決任何困難。研究顯示，習慣依賴父母解決問題的孩子比較容易成為霸凌的受害者。當父母急忙為孩子解決霸凌問題時，不僅鼓舞了霸凌，也給了孩子清楚的訊息：不相信孩子有能力肯定自己（這裡不是說成人不應該干預，問題在於水母型父母干預的方式）。

在水母家庭中，日常生活的重要時刻缺乏了結構，用餐、就寢、雜務與休閒都是。

缺乏結構導致徹底的混亂，產生嚴重問題。水母A父母感到挫折與慌張，只好用自己唯一知道的父母方法——威脅、利誘與懲罰：「你若不跟他一起玩球，我就把它丟進垃圾桶。」「你乖乖上車，我就帶你去買糖果。」「我受夠了，全都給我進房間去。既然要在餐桌上吵架，那就不要吃晚餐了。」在比較平靜的時刻，就有很多抱歉來試圖撫平父母感覺重蹈覆轍的內疚：「我昨天不該發脾氣的。看我幫你買了更好的球。」「我很抱歉昨晚不讓你們吃晚餐。我帶你們去你們想去的任何餐廳。」當父母遊移在磚牆與水母之間，孩子感到無所適從又困惑，很容易失去自信。他們會向任何人尋求慰藉、支持與認同，包括邪教與霸凌幫派，因爲這些人能給他們歸屬感，以及某種保障與一致性。

水母B家庭中，父母實際或心理上放棄了孩子，迫使他們必須保護自己。父母有自己的問題，例如缺乏自尊，或因爲藥物、酗酒、性成癮與心智失調，使他們完全把注意力放在自己身上，無法關心孩子；或是忙著處理自己的生活，無法兼顧孩子的幸福。孩子也許不乏各種物質享受，但缺乏滋養、關懷或溫暖的鼓勵——只得到冷漠。這種深沉的失落與哀傷不是瘀青或受小傷，而是心碎無望與絕望。孩子開始相信，若要完成任何事，只能自己來，不能指望任何人。他們感到無人愛、被放棄、不信任任何人。由於情感需求遭到忽略或否定，他們學會說謊來操弄他人獲取基本的需求。

水母家庭對於暴力循環的影響有五項重要特徵：

1.懲罰與獎賞專斷而不一致。一天孩子因爲打妹妹而受罰，第二天同樣的行爲卻被忽略，第三天他因爲下午沒打妹妹而得到獎賞。挨打的妹妹開始相信家中無人可保護她，家不是個安全的地方，那麼學校操場又怎麼會安全呢？告訴成人又有什麼用呢？她的哥哥沒有發展出對情緒與衝動的控制，學會了惡意行爲不一定會有後果，所以他願意冒險霸凌，希望不會被抓到。

2.隨意給予第二次機會。當孩子犯了錯、惡作劇或製造騷動，有時需要負責，有時不會。「我告訴過你，你若把車子撞凹，就要負責善後。這次我付錢，下次你就要自己來了。」「我說過你若打他就要罰站，這次我假裝沒看到，下不爲例。」「你這樣對妹妹太壞了，我不要再看到第二次。」這種不一致會妨礙孩子發展對自己行爲的責任感。

3.時常威脅與利誘。若父母用威脅與利誘試圖控制行爲，孩子就會學到做壞事不要被抓到，做好事要讓天下知。重點是會不會被抓到——學習尋找體制的漏洞來牟利——而不是去交朋友、負起責任、修正錯誤，或關懷幫助他人。孩子無法學會不靠操弄來滿足需求。若每件事情都是一場交易，他們更無法學習交朋友的能力。以健康的方式來達成自己的需求，發展堅強的友誼，是對付霸凌的兩大良藥。

4.情緒主宰了父母與孩子的行為。當情緒主宰時，孩子難以發展出自己的內在聲音

（個人道德準則），在行動之前的良心忠告——是對於自私與攻擊衝動的自我控制關鍵元素。若憤怒是最常感受到的情緒，孩子開始把他人的無心錯誤看成是惡意的——這對霸凌者與被霸凌的孩子都是問題。霸凌者會找藉口來傷害他人；被霸凌的孩子無法控制衝動，就會提供藉口來故意或難以避免地惹上霸凌者；被情緒主宰的旁觀者輕易陷入群衆狂熱，跟著起鬨或因爲恐懼而癱瘓。不管如何，對於被霸凌的孩子都沒有幫助。

孩子沒學會如何辨識或負責地表達情緒，成人則時常以極端的方式表達情緒或回應孩子。父母溺愛孩子，或爲孩子承擔情緒，而不是鼓勵孩子處理自己的情緒，因而阻擋了孩子爲表達情緒負起責任。「她不是故意要傷害他。」「你的孩子可能激怒了他，不是我兒子的錯。」被溺愛的孩子無法發展出必要的社交能力來應付霸凌者的攻擊。特別是被溺愛的男孩，無法發展出同儕尊重的社交能力：探索的精神、肢體遊戲與健康的冒險。被溺愛的孩子沒有機會練習建設性的衝突解決方法，尤其是女孩，無法發展出自信與自覺來辨識或阻止霸凌者的不當侵犯。水母父母若插手拯救孩子的情緒或問題，孩子就學會依賴他人來界定自己，更無法解決自己的問題，很快就會怪罪他人：「是他先惹我生氣。」「她用奇怪的眼神看我。」「這不是我的錯。」

如果父母放棄或忽略孩子，完全不理會他們的感受，孩子學會忽視或埋藏恐懼、受傷、悲哀與憤怒的情緒，學會不信任其他人，操弄他人來達成自己的需求。一個被放棄或忽略的孩子靠著貶低他人來抬高自己，讓別人感覺很差，他才會感覺很好；冷酷迅速地對付任何阻礙他的人。被放棄或忽視的孩子也可能徹底地孤立，不讓任何人接近；有人會變得非常沒有安全感，總是要其他人來讓自己感到安全，感覺被愛，成爲霸凌者的最佳跟班候選人。

5.「愛」是有條件的。爲了得到感情或認可，孩子必須取悅父母，甚至覺得有義務讓父母感覺歡心。認可與感情必須努力才能掙得。就像磚牆家庭的孩子，依賴其他人來肯定他們有無價值。他們若覺得自己一文不值，可能也把別人視爲一文不值，所以對傷害他人感覺無所謂，「如果我什麼都不是，他們也一樣。」或因爲無法抵擋攻擊，非常脆弱，霸凌者的言語批評就能傷害到他們的存在核心。他們願意服從強勢同儕的一切要求，來博得感情與認可，或希望因此能停止霸凌。

水母A與水母B家庭會創造出霸凌者、脆弱的受害者與旁觀者。有些孩子的攻擊行爲沒有受到約束，會掌控整個家庭，讓手足與父母頭痛。有些孩子則感到深深的失落，沒有資源來抵抗霸凌者。有些孩子很容易就加入霸凌，只為想有歸屬感。有些孩子會後退，無力干預，感到絕望，認為就算干預也沒有用。

孩子們會設法生存，但無法在磚牆家庭或水母家庭中茁壯。他們需要界線與引導，一個有彈性、開放、可適應改變的骨幹家庭結構，而不是嚴苛、僵硬、不退讓的磚牆家庭結構。孩子們需要骨幹家庭的穩定環境，提供有創意、建設性、有責任與關懷的活動，這是在混亂而不穩定的水母家庭中所找不到的。

骨幹家庭

骨幹家庭形形色色，有許多面貌，不是來自於特定的背景或社會階層，不存在於特定的族群，不一定是有較年長或較年輕的父母，不一定有宗教信仰，也不一定是特定的種族。他們的特徵不是做了什麼，而是如何在所有行為中，設法平衡自我與社群。他們鼓勵互相依靠；沒有暴力惡循，只有愈來愈大的關懷圈。

骨幹家庭也能用「他們不是什麼」來描述：他們不是階級統治、官僚主義或暴力的。骨幹父母不會要求被尊重，因為他們示範與教導尊重。孩子們學習質疑與挑戰死氣沉沉的權威。他們學會說不，能夠傾聽，也能夠發表意見；能夠尊重，也讓自己受到尊重。骨幹家庭的孩子學會愛自己，關懷其他人；因為得到關懷，於是學會關懷他人，了解他人的痛苦，願意幫助解除痛苦。骨幹家庭提供了一致性、穩定性與公平性，以及平靜安詳的結構來讓孩子們建立自己的道德準則；而不是受到權威控制，長大後也試圖控制他人，或放棄自己讓他人來控制。孩子們感覺有力量，能自由地成爲自己，沒有需要去控制或操弄他人、鄙視他人。

以下是骨幹家庭的十五項特徵：

1.父母每天給予六項重要的生命訊息，為孩子發展出支持的網路：

- 我對你有信心。
- 我相信你。
- 我知道你可以處理種種生命情況。
- 我是你的最佳聽眾。
- 我關心你。
- 你對我很重要。

透過愛、接納與鼓勵，骨幹家庭的孩子得到了解、欣賞與尊重，因而能夠抵擋霸凌者的言語攻擊，相信自己能肯定地回應各種衝突；而當他們不知道該怎麼辦時，也願意去求助。他們知道有人會傾聽，他們所說或所做的一切，都不會被等閒視之，不會被否定，不會被羞辱。

每天接收到這六項重要生命訊息的孩子，能夠與父母發展出健康安全的依靠關係。這種依靠讓孩子能進一步發展自己的天生能力，樂觀、堅毅、慷慨。樂觀——感到肯定與自信的態度——能有效處理挫敗、犯錯與負面的社交互動。樂觀的孩子把挫敗、犯錯與負面社交互動視爲可掌握或至少能處理的情況，而不是嚇得無法動彈，或成爲受害者。他們會設法解決問題，而不是怪罪他人或放棄。堅毅——儘管遇上困難或挫敗，仍能夠長期保持穩定與持續的行動或信仰——增強孩子的自信，讓他們有力量冒險幫助他人。慷慨——願意免費提供幫助與時間——讓孩子能超越自己，不執著於自己的需求上。這三種天生能力的發展能幫助孩子調節天生的攻擊傾向，滋養孩子對同儕的同理心。

2. **透過經驗來學習民主**。在家庭會議中，正式或非正式的，所有家庭成員都知道何時舉行，討論什麼問題，並受邀參與計畫，修改行程與解決衝突。孩子們看到他們的感受與想法受到尊重與接納，並了解要顧及所有家人的需求並不容易。孩子的責任感與決策能力逐漸成長。家庭會議幫助孩子了解自己的需求與其他人之間的關係。他們了解團體的運作，尊重差異，和平地解決爭端。

3. **創造有助於創意、建設與負責的環境**。骨幹家庭的實際、情感與道德環境不是僵硬或無法改變的，也沒有混雜的訊息或不良的示範。有人示範與教導合乎社會化的行爲。孩子們被鼓勵探索、玩耍、健康的冒險、肯定與平靜地解決衝突。錯誤是學習與成長的機會，而不是指責的理由。

4.以讓孩子能夠學習的權威來維持紀律。當孩子頑皮或不負責任時，成人會告知他們做錯了事，並提供他們解決問題的方法，尊嚴保持完整。父母的目標是幫助孩子發展自我紀律——內在紀律讓他們成爲正直、負責、關懷的人。

5.規矩簡單而且清楚表達。在建立規矩時，父母運用自己的智慧、責任感與覺察孩子的需要、不時爲孩子提供機會讓他們自己做出適當的決定，擔負適合年齡的責任，學習設立自己的情緒、肢體、道德與倫理界線：「你可以決定你想買哪一頂單車安全帽。」「你本週的工作是帶小狗散步。」「你可以不喜歡那個男生的行爲，但你仍然沒有權利叫他難聽的綽號。」

6.不負責任的後果是自然。合理、單純、有價值、有目標；不需要威脅、利誘或懲罰：「你跟朋友借來夾克卻弄丟了，當然需要賠償。」（合理、單純、有價值、有目標）「你傷害了班上那個男生，就必須彌補，想一想要如何才不會再發生，設法跟他和解。讓我們想一個正直而可敬的方法，好讓你能清楚告訴他，他所做的惹惱了你。」（合理、單純、有價值、有目標）

7.給予孩子第二次機會。這不同於水母家庭中任意原諒孩子、不追究責任，而是很清楚地給予孩子責任，以及若不遵守的合理後果。他們若搞砸了——孩子總是會搞砸——會有第二次機會嘗試，但是要等他們先體驗第一次搞砸的後果。「你可以再開那輛車，但要先接洽保險公司，把撞壞的地方修理好。在修好之前，你只能走路、騎單車或搭公車。」負起行為的責任，同時修正他們所造成的問題，他們比較不會把行為怪罪到外來因素或同儕身上。

8. 鼓勵孩子發揮實力。接受孩子目前的狀況，並鼓勵他們去做他們不認為自己能做得到的。在接納與高度期望的氣氛中學習：「我知道她的行為讓你的一些朋友不高興，但邀請其他人來家裡玩，唯獨不邀請她，這樣是不對的。我知道你可以想辦法讓派對成功。你若需要幫助，我可以協助。」對他們抱持更高的行為標準，並不是為了取悅父母，而是因為父母相信他們能成為正直、負責、關懷的人。他們學會禮儀，也就是說，以他們自己希望得到的尊重來對待他人，就算他們不喜歡那個人——必要時願意放下自己的需求與擔憂做得更好，仗義直言，並負起責任（但總是顧及對方的人性尊嚴），可敬地解決爭議。

9. 孩子能得到許多微笑、擁抱與幽默。這三項都免費提供，不需要任何附帶條件。孩子看到父母彼此付出感情，同時接受溫情的碰觸，學會碰觸是人類建立情感的重要元素。他們看到父母享受生命，與他們分享歡笑，而不是取笑。在家中若不是別人的笑柄，就比較不會取笑同儕。

10. **孩子學習接受自己的情緒，透過堅強的自我覺察來為這些情緒負起責任**。父母在情感上支持孩子，示範適當表達完整情緒的方法：「我很難過他要搬走，我會想念他。」「哭沒關係，孩子。我也很難過，他們不能再當我們的鄰居。你跟山姆有許多美好的時刻。我們來想一些方法，讓他對搬家不要太難過。」「你可以氣莎拉，她做得真的很糟糕。我們看看如何能更建設性地處理你的怒氣，想想有哪些方法來面對她。」孩子學會覺察與尊重自己的情緒，也學會不需要發洩所有的情緒。他們的同理心得到培養，發展設身處地的觀點，並鼓勵同情心的行爲。當情緒爲父母所認可，孩子比較不會爲同儕的情緒所左右。有同理心地回應同儕，關鍵在於孩子能夠了解自己的情緒是獨立於同儕的，能夠回應悲傷、恐懼或受傷，而不會自己變得悲傷、恐懼、受傷，因而屈服或不知所措。他們能夠看到痛苦，了解這種情緒的滋味，並以能夠減輕痛苦的方法來回應。

11. **示範、鼓勵競爭與合作**。父母示範進行多項任務的能力，協助孩子學習新方法，讓孩子知道如何與其他人合作與玩耍，如何競爭、合作與決斷：「這個週末，我們來一趟單車旅行。這次我來檢查單車。誰要裝水罐、準備零食，或規畫路線？我們也想一想邀請誰來騎多出來的單車。」「當班上有新同學時，要如何讓他們覺得被接納？」「你的朋友如果不要他跟你們一起吃午餐，你會怎麼做？」競爭被視爲生活中的現實，但孩子們學習如何慶賀自己的成功，同時覺察他們爲失敗者所產生的同理心。

12. **愛是無條件的**。每個孩子都是獨一無二的，沒有其他理由，他們有自尊有價值，因爲他們就是如此。「我愛你。」「跟你在一起感覺眞好。」「你若需要我，我在這裡。」感覺被愛、被需要、被尊重的孩子，比較願意欣賞差異，歡迎其他人加入他們關懷的圈子。

13. **教導孩子如何思考**。鼓勵孩子傾聽直覺，隨興自在，在思考與行動上有創意，並用理性來解決問題。與孩子交談，而不是訓話；傾聽，而不是忽略。鼓勵孩子挑戰僵硬的權威，以及尊重長者的智慧。讓孩子願意追求長者的知識，以及發現新知識的好奇精神。「當你對某事有某種直覺時，信任你自己。」「你會想出辦法解決那個問題，我知道你可以。」「你可以告訴我你的感受，以及我們該如何來修正這個問題嗎？」「我聽到你說的，我沒有想到可以這樣做。」「若有權威的人要你做一些不仁慈、不公正、不公平或不誠實的事，你需要傾聽自己的良知。」「你可以挺身說出你所看到的不公。班上若有人霸凌其他孩子，有幾種方法可以幫助阻止。我告訴你有哪些方法。」

孩子學習想出方法來解決道德上的難題，結合客觀的「正確」（思考內容）與主觀的「洞察」（如何思考），找出好的行動方案來終止霸凌的局面。用「思考內容」與「如何思考」來連結行動（我能做什麼？）、意向（我爲何這樣做？）與特定情況（對誰，何時，何地，如何去做，可能的預期後果與意外後果，以及可能的替代方案）。這種行動方式將成爲他們的生活方式。

14. 孩子每天都得到加強自我的訊息，來抵擋可能的霸凌影響，或成為霸凌者的需要：

- **我喜歡我自己。**

知道自己被無條件喜愛的孩子，能夠完全爲想法與行動負責。當霸凌者嘲弄他們時，他們可以進行肯定的自我對話：「我是很好、很有能力、能夠關懷的人。那孩子嘲弄我是不對的，他今天心情不好，或想用兇惡的方法來達成他的需要。」

- **我可以為自己著想。**

爲自己著想的孩子比較不會被同儕操弄，或盲目跟隨群衆。他們有很多機會在成人的引導下做出決定；當其他人退縮時，他們可以挺身；當其他人沉默時，他們可以直言，並爲自己的行動承擔批評。

- **沒有解決不了的問題。**

受到鼓勵用自己的力量解決問題的孩子，在面對困難時比較有能力有毅力，能接受現實，處理問題。「你班上有人在霸凌其他人。」（現實）「讓我們看看有什麼方法幫助被霸凌的孩子。」（解決問題）「你說霸凌者似乎很孤單。也許大家都對他不太好。你想是不是可以邀請他跟你們一起吃午餐？」（待解決的問題）「對他說那種話眞是傷人。」（現實）「我們需要談談你爲什麼要那樣羞辱他？」（問題）「你想一想要如何彌補？」（待解決的問題）「我會問你後來事情如何處理。」

15. 家庭願意去求助。問題不會被否定或隱藏。父母承認需要向專業人員尋求建議，並以開放的心胸接受建議：「我們的兒子在霸凌其他孩子。我們要如何幫助他改變行爲與想法？」「我的女兒無法挺身面對那個在操場上欺負較弱小同學的人。」「我兒子是附近霸凌者的目標。我們如何幫助他阻止暴力？」

要成爲骨幹家庭並不容易，沒有速成的答案，沒有通用的答案，只有很多成長的機會。你若還不是，要成爲骨幹父母則更困難。你若發現自己身處磚塊或水母家庭，或三種家庭的混合，要記住事情不可能一夕就改變。你也許需要幫助與支持，來達到必要的改變，有時家庭治療師或諮商師可以讓你明白你的狀況、你的目標、如何達成目標。你若是個懲罰或溺愛孩子的父母，可以嘗試改變態度、行爲與習慣，也會因而改變你與孩子的關係，影響他與手足和同儕的關係。

我們若想影響與加強孩子有能力來打破暴力循環，每天的行爲都必須符合這個信念：對社群的人任意批評，就是教導孩子不包容、歧視與仇恨；我們的言語或行動若展現包容、接納、和善與慈悲，孩子就會學習；孩子若目睹我們堅持信念，對不公仗義直言，他們就有機會把這些教誨帶入日常經驗。

在一個有敵意、冷漠與懲戒的家庭中長大的孩子，會大幅降低他成爲正直、關懷、負責的人的機會。爲我們的孩子創造溫暖、關懷、滋養的環境，當然也不能保證他們一定會成爲正直、關懷、負責的人，但機會將大爲增加。

> 當家庭沒有虐待與壓迫時，我們可以分享最深的祕密，最大程度地敞開心；我們可以感覺獨特，而不用成為「最好的」；可以為他人犧牲，而不會失去自我。
>
> ——萊蒂・波格賓（Letty Cottin Pogrebin）
>
> 《家庭政治》（*Family Politics*）

【第六章】

家中有沒有霸凌？

當人們學會不神聖化彼此，把別人當成達到目的的手段，不感覺到別人的痛苦，我們就會創造一個世界，這些可怕的暴力行為將成為常態……我徹底反對任何把暴力合理化的想法。暴力永遠是非神聖化的行為，無法看到每個人的神聖。

——麥可・萊納修士（Rabbi Michael Lerner）

〈我們與神的疏遠〉，摘自於《塵歸塵》（*From the Ashes*）

沒有人願意認爲自己的孩子是霸凌者。但你若擔心你的孩子可能是霸凌者，你可以停止擔心，開始仔細檢視那些讓你擔心的線索。要記住，霸凌者不是因爲憤怒或衝突，而是鄙視——強烈地不喜歡某人，視之爲一文不值、次等、不值得尊重。萊納修士稱之爲「非神聖化，無法看到其他人的神聖」（desanctification）。皮耶・泰哈迪・卡汀（Pierre Teihard de Chardin）稱之爲「非人性化」（dehumanization），無法看到其他人的人性。不管怎麼稱呼，很容易檢視那些讓你擔心的行爲是否有霸凌的四種記號：權力不平衡、蓄意傷害、進一步的威脅、恐怖氣氛。除了這四種記號，你也許感覺到孩子有一種控制、主宰、征服或虐待他人的高傲態度；不包容差異；以及錯誤假設他有權排斥那些他覺得不值得尊重或關懷的人。你兒子揍同學的一拳不是出於憤怒或挫折，而是算計好的攻擊，而且似乎沒有同理心、同情心或慚愧。事實上，他平靜地向你解釋，同學是個愛哭鬼，展現出冷漠的態度。你的女兒把弟弟的手扭到背後，直到他痛得尖叫，而她臉上的表情似乎很愉悅。看到你走進房間，她趕快抱住弟弟安撫他，但你已經先看到了女兒臉上冷酷的微笑。老師打電話來說你兒子與一群同學在學校餐廳包圍一個小孩，用蕃茄醬噴他，說他是「同志」。不，這不是玩耍，是的，你兒子似乎是帶頭的。開車送孩子上學時，你聽到女兒與朋友笑著說她們如何整新來的同學，或是兒子把班上新來的女生說成是一塊好肉。你很震驚。他卻回答同學們都是這樣談話，你眞是跟不上時代。

恐嚇、威脅、排擠、折磨與嘲弄並不是手足間的爭吵或同儕間的衝突，這些都是霸凌的行爲。你絕對不能掉以輕心，當成手足與同學間的「平常事」，重要的是你不能試著正當化、合理化或大事化小，「那個孩子惹了我兒子。」「女生們只是在玩耍。她們不是想要傷害新來的同學。」「所有人都會被逗弄。」任由你的孩子這樣做，對他並不是件好事，因爲你是在默默告訴他，你對他沒有什麼期望，讓他有藉口對他人殘酷或暴力相待。

還有很重要的是，不要懲罰孩子。懲罰只會教導孩子更有攻擊性與傷害性。他必然會成爲一個狡猾的霸凌者，連細心的旁觀者或成人都難以注意到。更重要的是，懲罰會貶低、羞辱、剝奪孩子的人性（聽起來很像霸凌），因爲帶有怪罪與痛苦，沒有考慮原因或尋求對策。懲罰取代了與孩子更有建設性的聯繫，讓人們變得更疏離，也讓父母與孩子避免處理霸凌的潛在問題。懲罰所關心的是什麼規矩被打破？誰做的？應該給孩子怎麼樣的懲罰？卻剝奪了教導孩子了解行爲後果、彌補錯誤，或同情被害者的機會。

研究霸凌者與受害者的背景，結論是肢體懲罰（或忽略）在雙方的生活中都佔有重要角色。但較含蓄的懲罰手法則沒有加以研究。我懷疑這些手法也有負面影響，以下是最常見的：

- 孤立，「你若再扭他的手，就要在你的房間關上一整天。」
- 難堪與羞辱，「你想像個一歲大的小寶寶，就必須穿得像一歲大的小寶寶。去拿尿片來。」
- 羞愧，「你傷害他真是丟臉。」
- 情感孤立，「別想來抱我——你是個壞女孩，傷害了弟弟。」
- 禁足，「你不能去朋友家、看電視或打電話，除非你學會好好對待弟弟。」

注意這些含蓄的懲罰方式多麼像人際關係與言語霸凌。難堪、羞辱與羞愧可能讓父母感覺還可以接受，畢竟不是眞的體罰，但這種懲罰不太可能改變霸凌的行爲。孩子也許會避免爲做錯事負責，只想到自己受到的糟糕待遇，而不會去想自己招致懲罰的行爲。這些含蓄的懲罰加上體罰，等於是剝奪了孩子發展自己內在紀律的機會，也就是無外在約束時，表現正直行爲、智慧、同情與慈悲的能力。

孩子會對自己的行爲感到羞愧嗎？會的，但他不會因而內疚或後悔。這些感受要出自於內心，而不是外在要求。因爲故意傷害他人而感覺內疚是好的，事實上也很重要。但除非培養出同理心，不然不會感到內疚。同理心與內疚是一體的，孩子必須在乎其他的人感受，能夠「設身處地」，才會對於傷害他人或不公平感到內疚。你的角色不是去羞愧他，而是讓他知道他做錯了，你很關心他，願意幫助他修正。當你對孩子有這樣的關心，他比較能夠把這種關心轉移到其他人身上。社會運動人士與作家厄普邱奇解釋，這種關心對於同理心有多麼重要：「我覺得他們重要，因爲你覺得我重要。」

一旦察覺你的孩子在霸凌手足或同儕，你需要立刻採取決斷的行動。先考慮自己的行爲，你所做的是否會鼓勵或支持霸凌？如果答案是肯定的，如上一章所談到的，改變你的態度、行爲與習慣，也會改變你與孩子的關係，這將影響他與同儕和手足的關係。如果答案是否定的，那麼也許還有其他的社會因素導致你的孩子霸凌，是同儕關係或社交與教育環境，如幼稚園或學校。因爲霸凌是關於鄙視，情緒、生理或心理障礙都只是藉口而已。霸凌是蓄意的、思考過的行爲，想要傷害被視爲次等或不值得尊重與關心的人。有過動症狀、注意力障礙或其他身心症狀跡象，可能導致孩子有攻擊性的行爲，但不會「導致」孩子鄙視、厭惡或仇恨其他人。這些心態是學來的。

不管答案是肯定或否定，你都可以採取行動阻止霸凌。詹姆斯・嘉巴瑞諾（James Garbarino）教授在他的書《四面受敵的父母》（*Parents Under Siege*）中提醒我們，「身爲父母，我們要爲孩子的行動負責，但不一定要爲他們而受責難。」若能在早期階段阻止霸凌，避免讓這個角色成熟或定型，也很好，改變劇碼總是不嫌遲，正如你的孩子可以表現忤逆與惡意，他也能表現可敬、和善與仁慈。他是學習而成爲霸凌者，當然也能學會以更社會化的方式與同儕交往。在頁40提到的霸凌特徵清單，可看出霸凌者所不擅長的：關懷他人、對手足或同儕友善、分享、容易相處與結交朋友。幫助你的孩子發展這些能力，可以讓你孩子扮演新的、更有建設性的角色。

以下是你能做的：

1. 立刻以紀律來干預。
2. 創造「做好事」的機會。
3. 培養同理心。

4. 教導友誼能力。
5. 密切觀察孩子所接觸的資訊。
6. 接觸更有建設性的活動。
7. 教導孩子「保持善念」。

立刻以紀律來干預

紀律不是批評、專斷、讓人困惑或誘騙來的，紀律是我們對孩子所表現的，是讓生命學習的過程；修復與歡迎和解；目標是指導、教誨、引導，協助孩子發展內在紀律——自我的內在秩序，而不是外在的約束。管教一個霸凌的孩子時，要注意不只是要求遵守（「別霸凌！說你抱歉，然後不要再打擾他」），而是邀請他深入觀察自己，超過外在的要求與期待。當孩子發展出自己的道德準則，願意在行動上表現仁慈與公正，相信自己有能力控制行為，並能加以選擇，為自己的行動負責，他就可以達成自己的期望，同時以他所希望得到的同樣尊重，來看待其他人。

當發生了嚴重的傷害時，紀律提供需要的工具開始療癒過程。紀律能處理現實情況，而不是成人的控制。紀律能幫助改變導致霸凌的態度與習慣，促進家中真正的和平。

紀律的過程有四種步驟，是懲罰所沒有的：

1. 讓霸凌者知道行爲的錯誤，不打官腔，或說成是衝突，或加以淡化——「眞是的，餐廳裡所有人都會叫別人綽號。」

2. 讓他承擔問題——沒有藉口：「我們不是故意要傷害他；我們只是逗弄。」不轉移指責：「詹姆斯帶頭的，不是我。」沒有但是：「但是他眞的是個窩囊廢。」沒有假如：「假如他不那樣子，我們就不會找他麻煩。」

3. 提供他修復過程來解決他造成的問題——認錯、改過與和解。換言之，他必須修正他所做的，想出辦法不再犯，治好他所傷害的人。

4. 保持他的尊嚴——他不是壞人，只是行爲不當；我們相信他能夠成爲一個正直、關懷、負責的孩子。

紀律是對霸凌一種建設性與慈悲的反應，考慮到意向、行爲的嚴重性，並幫助霸凌者更社會化的修復步驟。你需要花時間，孩子也要花時間。然而，你花的時間是值得的，孩子將開始明白自己的一切行爲都有後果，不管是意料中或意料外的。他將學會負責，承擔行爲，爲自己所造成的傷害負責，不是因爲他害怕懲罰，而是因爲這樣做才正確。

認錯、改過與和解

你撞見女兒扭著弟弟的手臂，於是也扭她的手臂來教訓她，隔離她，使她難堪，感覺羞愧，說你不喜歡對弟弟那麼兇的小女孩，或禁止她外出……以上種種都無法教導她不去傷害弟弟，反而只讓她知道下次不要被抓到。處罰比較可能讓她覺得自己是你的受害者，而不是導致弟弟痛苦的元兇。忽視這種情況，或希望只是她暫時失控，只會讓你女兒更加惡霸。有建設性的作法是紀律的四種步驟，其中第三步又包含了三要素：認錯、改過與和解。

你可以清楚表達她做了什麼，強調你相信她能夠修補她所闖的禍：「你扭傷了弟弟的手臂，傷害了他，你需要有所彌補。我會告訴怎麼做，而且我知道你可以處理。」

修復第一步：認錯，並補償她所做的。她若弄壞了弟弟的玩具，就需要修好或買新的。物質傷害通常比個人傷害容易賠償。弟弟所感受到的疼痛，擔心姊姊可能會再傷害他，不信任她會好好對待他，這要比把玩具修理好困難多了。

需要道歉，但只是提出要求，而不是命令。你若命令她道歉，就會得到不眞誠的「對不起」或再次扭手臂之後再次不眞誠的道歉。這種被迫的懺悔無法修復任何東西。若孩子看到了示範或自己接受了眞誠的「對不起」，比較可能眞心誠意地道歉。

不管多麼眞誠，只是說出「對不起」並不夠。一位小學老師對學生說明一個淸楚的例子。她把一根釘子釘進一塊軟木頭，不停敲打釘子時，要學生想想他們肢體傷害、言語嘲弄或排擠某人的次數。然後她用工具把釘子從木頭拔出來，舉起釘子說：「這就是『對不起』，但這樣並不夠。」她拿起木頭問學生，「我們要如何處理木頭上的洞？」眞誠與無條件的懺悔是要爲行爲負起責任，承認所做的錯事，表達不再犯的強烈期望，爲傷害負起責任，開始修補破裂的關係。

不能強迫你女兒懺悔，但你可以幫助她懺悔，協助她進行修復三步驟。懺悔本身不是目標，而是她完成了整個和解過程的副產品。

修復第二步：改過，並想出一個方法防止再犯。換言之，不逃避與否認她所做的，你女兒要如何更新自己？更新自己是要把破壞性的行爲（扭弟弟手臂）與一切後果都整合爲一個新開始。事情已經發生了，她無法取消這個行爲，希望事情沒有發生也沒有用。她需要明白她眞正做了什麼（不，這不是意外；她蓄意要傷害），她爲何要這麼做（是的，她嫉妒，是的，她生氣；不是氣她弟弟，而是他似乎從來不惹麻煩，她卻總是有麻煩），她能夠從這件事學到什麼（當我感到嫉妒與生氣，不在乎他人，不設身處地時，我會蓄意傷人。我可以想出辦法不傷害弟弟而滿足自己的需求；可以嫉妒或生氣，但絕不可以扭他手臂傷害他）。這時你可以與女兒談如何覺察她的行爲後果——她的行爲對弟弟的影響（手臂被扭是很痛的），對姊弟之情的影響（沒有人願意跟加害者在一起），以及對她的影響（扭手臂是很糟糕的玩耍方式；不久就沒人願意跟我玩了。我想要、也可以成爲一個正直、關懷、負責的孩子，一個讓弟弟喜歡的姊姊）。你可以幫助女兒釐淸她的感受，協助她練習更社會化的行爲。她的行爲若是出於嫉妒——手足之間的貶低或鄙視時常是出於嫉妒——重要的是你要檢視自己如何對待兩個孩子。手足很容易定型爲「霸凌者」與「被霸凌者」，於是大家都會認知這些角色，並加以扮演。

修復第三步：和解，療癒你所傷害的人。犯行者必須做出承諾，並實踐承諾。她的弟弟也必須願意信任、冒險、跟姊姊一起重建關係。認錯與改過之後，你女兒若願意花時間與精神在弟弟身上會更好：「弟弟今天被你扭手臂的感覺很不好。你如何幫助他今天感覺好一點？」「他喜歡坐小車子被人拉。」你女兒拉著兒子坐的小車。這有兩種功能：第一，被霸凌的弟弟能體驗到姊姊的良善；第二，霸凌姊姊能體驗到自己行善的能力：「我搞砸了。我是個正直、關懷、負責的人，可以補償我的過錯，想出辦法不再犯，並療癒我所傷害的弟弟。」

孩子很可能在修復第二步就覺得夠了，但重要的是落實第三步，這要由成人來策劃。你的女兒尚未定型在霸凌的角色——她只是練習了幾次——這一步可以比較快達成，幫助她選擇更社會化的角色。弟弟還沒有成爲姊姊不斷霸凌的目標，也願意坐上小車被姊姊拉，暴力循環就停頓了，堅強的關懷循環因而建立了。

若教師打電話給你說你的兒子常對另一個孩子施暴，這是完全不同的情況。對方不想再接觸你兒子，更別說要進行修復，不管你兒子表達多麼眞誠的懺悔，想要補償，或想出很好的改過對策。被霸凌的孩子與霸凌者時常會被迫參加衝突解決工作坊，但要記住，霸凌不是關於衝突，而是關於鄙視。沒有衝突需要解決。霸凌只是被成人扮出笑臉，表達被迫的懺悔，這是老戲新唱。被霸凌者的孩子沒有得到緩解，沒有支持，霸凌者沒有學到眞誠的同理心或社會化行爲。很可能會想要報復，或受害者因爲畏懼報復而改變說法。霸凌很可能會繼續。

你的兒子可以做到以上所說的，一直到和解的一步，然後他必須耐心等待被霸凌的孩子願意開放接受他的和解。光是時間並不能療癒關係，而療癒需要時間。就算你孩子眞心向另一個孩子道歉，並提供補償，被霸凌的孩子需要時間才能變得更堅強，然後才能和解。需要時間並不是爲了傷害你兒子，讓他感到內疚，跟另一個孩子一樣受苦。受害者需要時間面對傷痛，表達情緒，然後放下怨恨與破壞性的感受，他不僅能恢復自己的平靜、安全感與自在，也能敞開心胸，接受你兒子的和解。

你兒子可以表達尊重，在這段等待期間保持距離。若這段時間帶來不方便，你兒子必須承擔。他可能必須避開與被霸凌者碰面的場合，不管是在走廊、教室或球隊。若被霸凌的孩子太害怕跟他在同一所學校，他也許必須在家自修。他也許必須接受監督，受限在操場的某個區域活動，行爲將被密切注意。你兒子可能抗拒這些條件，而你必須溫和提醒他，是他犯下了霸凌。

當被霸凌者準備好時，他可以與你兒子一起尋找有創意的方式來解決他們的問題，達到和解。這並不是把霸凌當成一種衝突。要解決的問題是在霸凌結束之後，並在經過紀律管教之後，他們要如何在學校團體中一起繼續學習。

創造「做好事」的機會

告訴你兒子他不能這樣做並不夠，還需要想出他能做什麼。有你的引導與監督，他可以找機會對他人表達關懷與幫助。在和解的步驟時，他會對所傷害的人做一些好事。現在你兒子能在想到傷害他人之前先練習「做好事」，而不是事後彌補。愈常對他人表現關懷與幫助，就愈能對人尊重。你可以與孩子一起腦力激盪，在家中、社區與學校幫助他人。「乘法表對弟弟有點困難。你已經背熟了，能不能幫他？」「史密斯太太生病了，她的花園長滿了雜草。你能不能幫她整理？」「學校在找過馬路的守護員。你反應很快，觀察敏銳。你想你能不能去做？」你也可以邀請孩子加入你正在從事的社區服務工作，「人道住屋協會週末要蓋一間房子。他們需要人手，幫忙搬木材。你很強壯，我知道他們會感激你的出力，我也喜歡與你一起工作。」

讓兒子處理家務，像是倒垃圾；負起重要的責任，像是餵狗，也許聽起來不像是幫助孩子「做好事」，但這些日常活動不僅幫助孩子發展組織資源的能力、體驗完成任務的感覺、分配時間、訂立目標、建立更複雜工作所需的能力，也告訴孩子一個特殊的訊息：「你是我們家中重要的一員，我們需要你，我們指望你的幫助。」孩子需要相信他們可以有所貢獻，能爲家庭、社區、學校做事。「做好事」超越了只是滿足自己的需求，也幫助孩子學習注意與關懷他人的權利與需要，幫助他培養出同理心。

培養同理心

同理心是所有其他美德的核心。米雪・波巴（Michele Borba）在她的書《建立道德智商》（*Building Moral Intelligence*）中，描述同理心爲：「能夠辨識與感覺他人關心什麼……這個首要的美德讓孩子能感受到他人的觀點，增加對他人想法的覺察。同理心能加強人性、禮儀與道德。同理心讓孩子能警覺到別人的苦難，觸動自己的良心。讓孩子能包容與慈悲，了解他人的需要，關懷並幫助受苦與陷入困境的人。」

同理心是人類天生的特質。我們的情緒狀態會爲周圍的人的情緒狀態所影響。連嬰兒都會對其他嬰兒的哭聲有回應。嬰兒一歲大時，就可以觀察到他們想安慰其他悲傷的小孩，即使他們還不太了解其他孩子的情緒並不是自己的，他們會以自己感覺安慰的方式來安慰其他小孩，例如去找自己的母親，或把自己最喜歡的玩具給悲傷的小孩。到了兩歲大，他們能夠了解情緒是有原因的；可以走路之後，他們能夠做事情幫助別人感到快樂或悲傷。到了四歲大，大多數孩子能採取其他孩子的觀點——這是重要的里程碑，能夠反思自己的行爲對他人的影響，並幫助有困難的人。到了六歲或七歲，孩子能在理智上有建設地回應，並以慈悲在情緒上回應——了解其他人需要發洩壓力，並更準確地辨識他人的感覺。

馬丁‧霍夫曼（Martin L. Hoffman）教授在《同理心與道德發展：關懷與正義的影響》（*Empathy and Moral Development: Implications for Caring and Justice*）一書中解釋同理心的最高階段，一個人能夠處理非言語與言語訊息、情況線索，洞悉他人的生命狀況。一個人能夠想像這些訊息所傳達的情緒與經驗，反思一切，「如此一來，他們能了解與有效反應情況、情緒與他人的期望，同時明白他人是與自己分開的個體。」如此層次的同理心可以防止你兒子冷漠粗魯地傷害同學，或防止你女兒惡意扭弟弟的手臂。他們可以把其他孩子視爲與自己一樣，值得尊重，並能夠往前看，看到他們的行動對其他孩子所造成的痛苦。當有人對其他孩子不公平或不正義時，他們也會更願意挺身仗義執言。

霸凌者設身處地的能力很差，只能從自己的觀點來看事情，只關心自己的感受。霸凌者的語言是：「你把我要的東西給我；我才不管你的感受。」或「我關心你的感受，愈糟糕愈好。」你的孩子若霸凌其他人，不是因為缺乏同理心。同理心還存在，只是在他內心深處，需要花時間與努力才能揭露。

你的孩子可以學習辨識手足或同儕的悲傷、痛苦、被排擠，並認同他們的問題。他也能學習想像若換成自己會如何，知道如何表達仁慈與幫助。你可以跟他分享你的感受、解釋你為何這樣感受，對他表現同理心，幫助他覺察到他的行為如何傷害他人，教導他在道德上對於傷害他人的約束，幫助他發展設身處地的能力。

感受與想法導致行動。使用日常生活的事件，教導孩子認知與歸類他的情緒，辨識他的想法：「當你考試考差了，有什麼感受？」「當你幫助隊友得分時，感覺如何？」「當你把那個孩子推進置物櫃時，有什麼感覺？」「當你幫助妹妹時，有什麼感覺？」「當你扭弟弟手臂時，有什麼想法？」「你對於隊友得分有什麼想法？」「你對於那個被你推入置物櫃的孩子有什麼想法？」「你對於能夠幫助妹妹，有什麼想法？」

下一步是幫助他採取其他人的觀點。一種方式是讓孩子設身處地，感覺別人的感受，想一想別人會有什麼想法：「你認為你的隊友對你幫助他會有什麼想法？」「你認為妹妹對於你幫她溫習功課有什麼想法？」「你把那孩子推進置物櫃，你認為他會怎麼想？」「你想為什麼那個孩子沒有告訴別人你把他推進置物櫃？」「你想他若能告訴你，他會怎麼說？」「你想弟弟爲何不想跟你分享玩具？」「你想我接到學校的電話，爲什麼會這麼不高興？」

再下一步是幫助他認知自己的感受與想法，在他行動之前先採取別人的觀點，「在你推他到置物櫃之前，你有什麼感受？」「下一次你有這種感受時，要如何處理，才不會讓你的同學因爲你的行爲而受傷害？你如何以更有建設性的方式來處理這些感受？」「你扭弟弟手臂之前，有什麼感受？」「下次這樣感受時，你能做什麼？」「你覺得你需要什麼？」「你要如何得到你想要的，而不會傷害其他人？」「當你用那個綽號叫他，能不能想像他會有什麼想法與感受？」「你能不能想出其他方法，讓他知道你在煩什麼？」「換成是他，你希望有人這樣對你說話嗎？」「你如何處理你的想法與感受，好知道自己想要什麼，同時尊重其他小孩？」

交友十大祕訣

你的兒子霸凌同學可能有很多原因。尋求解釋是可以的，只要不是藉口就好。他也許不知道如何自尊自重，而是舉止粗暴地奪取他想要的東西。他也許不知道如何平靜地解決勢必會有的同儕衝突。當他對同儕有攻擊性的舉動，他們會畏懼他，敬而遠之或「依附」他，以免成爲他的目標。他養成了強硬兇惡的習慣，感覺自我膨脹，不是很堅強的自我；有相識的人，但沒有朋友。你的孩子也許必須霸凌，因為他想不出其他方法在新環境交朋友。他所做的一切都使事情更糟，而不是更好。他也許想：「如果我做不到最好，我就做最壞的。」

為了交朋友，他必須先成為朋友。事實上，一個孩子能抵擋霸凌者的最好防衛，就是當一個好朋友，因為你不可能同時是霸凌者，又是好朋友。朋友是關懷與分享。要學習如何成為一個好朋友，孩子首先需要了解健康人際關係的三個基本原則：

1. 對於班上的同學，你只能掌握百分之五十的人際關係；對方掌握另外百分之五十。你不能強迫別人跟你玩，只能邀請他來玩。要不要跟你玩是他的選擇。他不是一定得接受你的邀請。
2. 你能影響百分之百的人際關係。如何邀請同學來玩，對於對方的反應有很大的影響。吼叫、強求、推擠或毆打，只會大幅降低對方想跟你玩的心情。詢問、分享、讚美與鼓勵，將會大幅增加他加入活動的可能。
3. 「不」是一個完整的句子。同學若不想來玩，不管你多麼客氣地詢問，不管你多麼想要他來玩，都必須尊重他的「不」，改找別人跟你玩。

你知道自己掌握百分之五十的人際關係，另一人掌握其他的百分之五十、你的言語與行為會影響整個關係，你們兩個都可以選擇接受或拒絕邀請、說「不」是完整的句子——這些基本原則可以幫助霸凌者、被霸凌的人與旁觀者三個角色來改變與打破暴力循環。一個對你惱怒的孩子只是在邀請你去攻擊他；你不需要接受。他對你的惱怒並不足以讓你有理由對他霸凌。霸凌者的嘲弄只是邀請你感覺很糟，產生反擊或退縮的反應；你可以拒絕。一群霸凌者會邀請你加入霸凌其他人，你可以說不，並邀請被霸凌的孩子跟你一起參加更有建設性與創意的活動。你甚至可以邀請霸凌者參加（稍後會談到）。

年輕人最難以了解的是社交環境的複雜性。崔佛・羅門（Trevor Romain）在他發人深省與幽默的著作《結黨，裝模作樣與其他的胡鬧》（*Cliques, Phonies, & Other Baloney*）中提醒孩子，他們對友誼永遠有選擇。所有的孩子都希望有歸屬感，但不需要去結黨，事實上也不想要結黨。他們可以了解交一些好朋友才是眞正重要的：「由你來決定。你如果有一兩個好朋友，很棒。當然你可以結交更多好朋友，用你的友誼能力。畢竟關心你與喜歡你的好朋友是永遠不嫌多的。」他也提供孩子一些方法來成為好朋友，並維持友誼：

1. 對他們表現友善與尊重。
2. 為他們撐腰。
3. 當朋友需要幫助或建議時要支持他們。
4. 說眞話（但是要溫和）。

5. 傷害了朋友，要說你很抱歉。
6. 若朋友傷害你並道歉，接受道歉。
7. 你若做出承諾，要遵守。
8. 花些精神在友誼上，不然你的朋友會感覺受冷落。
9. 不要想改變朋友，接受他們原本的樣子。
10. 你希望朋友怎麼對待你，就那樣對待他們。還有：永遠要對朋友表示感謝。

霸凌者試著強迫或恐嚇他人來做想要的事（「你若想跟我玩，就不能跟她玩。」）一個想交朋友的孩子會邀請其他人來分享人際關係，並尊重他們的接受或拒絕。一旦有人接受邀請，一個朋友會很謹慎地在行爲上表現決斷、尊重與平靜，來維持住友誼。

密切觀察孩子所接觸的資訊

西元前三百七十四年，柏拉圖寫下了他是如何關心孩子社交時的負面影響：「我們是否會粗心地容許孩子聽到……一般人所編造的故事，讓孩子心中輸入了與我們期望正好相反的成人理念？」所有媒體對於孩子知覺這個世界有極深的影響，尤其是它變得如此有力量，我們更無法忽視。太多媒體的參與，太少眞正的「現實生活」社交互動，會扼殺了發展正直、關懷、負責所需的社交能力。很多所謂的娛樂不是教導基本的禮儀。殘酷、低俗、粗魯、暴力的影像與文字阻礙了同理心與自尊的滋養，這是禮儀的兩大要素。教師報告，看「垃圾電視」的孩子們有愈來愈多「暴民心態」，學生會成群嘲弄同儕的外表、行爲、性傾向或心智能力，刺激受害者發怒。對於慈悲、同理心或尊重他人而言，三十分鐘的品德教育課程遠遠比不上電視媒體所具有的說服力。

研究顯示，經常暴露於媒體暴力的孩子容易對現實生活暴力感到麻木，因此比較不容易感受到他人的苦難與痛苦，比較不會回應陷入危機需要幫助的人。他們看到同儕受到傷害時比較容易麻木、冷漠與無情，也比較容易容忍日常生活中愈來愈多的暴力，因爲習於暴力、殘酷與無禮的社會，視爲理所當然，無法想像不一樣的生活。

充滿暴力幻想的媒體文化引誘了許多在情緒上脆弱的孩子。當他們被灌輸了鮮明的影像，美化暴力爲解決問題的正當手段，就無法學到用和平的方法來解決衝突。當他們不斷玩射擊電玩，把其他人當成敵人、獵物或目標，就會對射擊另一個人感到麻木，殺人的天生禁忌就被打破了。

在媒體中，暴力的角色幾乎都是男人。男孩受到影響而犯下強暴、謀殺與變態的罪行。強暴與變態的「娛樂」鼓勵把女性視爲次等與物品——眞是教導鄙視的好教材！除了暴力歧視等刻板觀念外，加上高度的競爭、貪婪、自私與粗俗，就成爲了霸凌的指導手冊。媒體常把人分爲「壞人」與「好人」——他們與我們，幾乎不可能發展出設身處地的能力、慈悲的回應，或把「跟我們不一樣的人」視爲平等。

孩子會使用他們看到與聽到的暴力。接觸暴力與表現出攻擊性的價值觀與行爲有很強烈的關連。習慣媒體暴力的孩子會更有攻擊性，並用攻擊來解決問題。在媒體中，施暴的人通常沒有什麼負面後果，只要施暴者被視爲「好人」，暴力還能得到喝采與獎勵，很少會感到懺悔，畢竟暴力節目很少傳達任何反暴力的訊息。

很多電玩只需要對威脅採取快速、攻擊性與暴力的反應。這些遊戲獎勵孩子們的快速反應神經，雖然強化了腦部的直覺反應，但沒有強化思考反應；事實上反而是扼殺了思考。被強化的常是偏見，因此導致眞實生活中的歧視。保羅·克根（Paul Keegan）寫了一篇文章〈文化地震〉（Culture Quake），刊於一九九九年十一月十二月的《瓊斯母親》（Mother Jones）雜誌上，描述了電玩遊戲「地震」：「給你幾秒鐘的享受，然後就清楚接收到訊息。你從空中墜落，看到其他人在地面上活動。爲了表達友善，你上前接觸他們。大錯特錯，他們對你開火。基於反應與恐懼，你還擊，頭顱與手臂開始爆裂。在這個神奇的環境中，只有一種可行的社交方式——殺或被殺。這個驚人的新科技最常用來展現的影像是血流成河與破碎的人體。」反應與恐懼，根本沒有時間思考。這種遊戲玩得夠多之後，孩子就不太能友善對待陌生人。比較「聰明」的作法是，假設非社交圈之內的同學都是有敵意的。

時常暴露在媒體暴力中的孩子們會「受到驚嚇」，相信這個世界是不安全的暴力之地，心懷恐懼，不信任其他人，對一點輕微的事情就反應過度。他們所感覺到的驚嚇會導致沮喪——是的，霸凌者與被霸凌的目標都有嚴重的沮喪。

你的孩子若霸凌他人，他很可能更容易被暴力媒體所影響。在關於電視訊息的一項深入研究中，喬治·康斯塔克（George Comstock）與海瓊·派克（Haejung Paik）的結論是：「暴露於電視暴力與反社會攻擊行爲之間最有力的關連，在於電視暴力與反社會攻擊行爲的數量程度。」這個結論指出霸凌者與被霸凌的孩子都把暴力媒體當成負面同儕互動的逃避。

身爲父母的你，能做什麼？

1. 注意你的孩子每天接觸的電視節目、電影、音樂與電腦遊戲。要深入這些內容，跟你的孩子一起觀賞與參與，你才會了解「他們心中被灌輸了什麼」。
2. 把電視與電腦放在家庭公開區域。
3. 限制接觸媒體的時間。
4. 教導判斷性思考能力來評估不同的媒體訊息、意圖與操弄手段。
5. 讓孩子接觸任何具有你希望他們學習的價值觀與美德的媒介物。

6. 注意暴露於「非禮儀」媒體的四項警訊：對暴力麻木、冷漠、模仿與威嚇。
7. 鼓勵孩子與同儕參與促進創意、負責、社會化與禮儀的活動。

接觸更有建設性的活動

你的孩子可以像攻擊弟弟一樣，熱烈地攀爬岩壁。這次他能達成一個目標，而不會在過程中「幹掉某人」；他會感覺到成就；他可以教弟弟攀岩來「做好事」。他可以泛舟時尋找急湍來征服，而不是在學校走廊搜尋更弱的孩子來霸凌午餐錢。他可以投籃球，用上跟揍同學同樣準確的力道。如果你的孩子能參與有建設性、娛樂性與有活力的活動，他就比較沒有時間去霸凌他人，也比較不需要靠反社會行為來滿足需要，更不會想反社會。他的不良社交能力會改善成為合乎社會的習慣，肯定他自己的價值與能力。他能夠準備好採取下一步，承擔人際關係中的新角色——保持善念。

教導孩子「保持善念」

讓你孩子擺脫霸凌角色，成為正直、關懷、負責的人，最後的眞正考驗是當他看到一個霸凌者或一群霸凌者嘲弄同儕。史蒂芬・卡特（Stephen L. Carter）的著作《品德》（*Integrity*）中，提到教導孩子關於「保持善念」的觀念——也就是在言行上去做正確的事，「儘管受到沉重的壓力」。幫助孩子發展出內在的道德聲音（個人準則），引導他們去做或說出正確的事，不在乎後果，也不只是爲了自己。這種內在聲音讓孩子面對困境時有力量正直行動，像是想要傷害他人的同儕壓力。保持善念有以下三步驟：

1. **分辨什麼是對的，什麼是錯的**。我們可以教導孩子區分對與錯，但他們如果只是因爲大人怎麼說就怎麼做，或因爲畏懼懲罰，或需要外來的許可，那我們所教導的永遠不會成爲他們的個人準則，他們的良心是待價而沽的，「我只是聽話照做。」「她逼我這樣做的。」「她應該被嘲弄。」「大家都會這樣做。」「他們說我若嘲弄他就可以加入團體。」保持善念，孩子就能發展內在的道德聲音，他可以進行自我對話，了解自己的理想、自己的立場，與他想要成爲什麼樣的人。他練習了解他人的觀點，對他人有同理心。他需要勇氣來邁入下一步。

2. **做正確的事，就算是會讓自己吃虧**。「大夥，別這樣，不要煩他。」這時候，孩子選擇了做好事，而不是在朋友面前顧全顏面。他願意接受同儕的嘲諷，「你是膽小鬼嗎？」「你想像他一樣嗎？」「瞧瞧這個好好先生。」保持善念是要採取立場與行動。光是對另一個孩子感同身受並不夠，他必須願意以行動來減輕痛苦，就算是會讓他與朋友疏遠。羅伯・巴克曼（Robert Buckman）博士在《我們能不依靠上帝而行善嗎？》（*Can We Be Good Without God?*）一書中，提出這個問題「我爲什麼要正直？」他的答案是：「因爲這樣做對人類的世界會比較好。」

3.基於你對是非的了解，公開說明你的行動。「我不要參與這種事，而且還要盡力阻止這種嘲弄。」

當你的兒子選擇保持善念，「就算是受到沉重的壓力」，他仍能夠提醒同儕，他不會羞愧於去做他認爲是正確的事，即使會讓自己吃虧。你的兒子經歷了整個循環——從霸凌者變成了受害者的見證人。練習之後，他會發現這個新角色很適合他，對他有好處。

教導你的孩子更決斷，以負責、有建設性的方式來達成需要，「做好事」與「保持善念」需要你也花費時間與精神。要達成上述的所有步驟，也要檢視你自己達成目標的方式，你如何處理生活中的大小衝突，你如何回應孩子犯的錯、惡作劇與調皮搗蛋。總之你花費的時間與精神是值得的，因爲家裡不會再有霸凌。

孩子學習關懷是要先體驗好的關懷，了解和善、同理心、耐心與仁慈的美德，了解支持與依靠，首先是透過別人對待他們的方式。

——小詹姆斯．海姆斯（James I. Hymes Jr.），《教導六歲以下的孩子》（*Teaching the Child Under Six*）

【第七章】

你的孩子遭到霸凌嗎？

人類社會的基本法則是相依共存。
每個人都是憑藉著他人的存在而存在的個體。

——圖圖大主教

當你發現自家小孩霸凌其他小孩時肯定會相當震驚難過，同樣地，當你懷疑自己的兒女可能遭同學霸凌也會心如刀割。如同我在第三章說過的，別指望你的孩子會一五一十地告訴你實情。你的女兒絕對有充分的理由讓她沒辦法一進家門就馬上吐苦水，說學校裡的霸凌者如何欺負她，不讓她好好坐著吃中飯、在她盪鞦韆時故意推她摔倒、在廁所的鏡子寫髒話罵她，或在她等公車時嘲弄她。你的兒子一樣有難以啓齒的苦衷，說不出他在學校裡常遭霸凌者蓄意推撞、扯掉外套、在走廊上遭人辱罵、體育課時被惡意絆倒或是被恐嚇不交出午餐費就等著挨揍。要是你從各種跡象發現孩子想閃避你，在責問他們「你怎麼不告訴我？」之前，不妨先考慮一下他們不讓你知道的原因有哪些：

●他們覺得遭受霸凌很丟臉。

●他們擔心告訴大人之後會遭到報復。

●他們覺得誰都幫不了他們，感到很無助。

●他們覺得沒人會幫他們，感到很絕望。

●他們誤以為遭到霸凌是成長的必經過程。

●他們相信大人也認為霸凌是成長的一環——況且大人也在霸凌小孩，還會息事寧人。

●他們學到「告密」是很糟糕、很不上道、又很「幼稚」的。

先前提過，老是得逞的霸凌者，害怕而不敢聲張的被霸凌者，要不袖手旁觀或一同起鬨、要不視若無睹的旁觀者，以及抱著「男生都很皮嘛」的想法，把霸凌看成惡作劇，視之爲成長一環的大人，合起來是個致命的組合。此外，再加上被霸凌的孩子所感受到的無助與無望，以及對「告密」的不齒，身爲父母親的你很可能自始至終被蒙在鼓裡，每天把孩子交到兇神惡煞似的同學和你以爲可靠的老師手裡，對孩子在學校所受的苦渾然不知。

線索

要是你孩子知道，無論發生好事、壞事或醜事，他們都可以找你談一談，而且你會用心傾聽，支持他們，給他們意見，引導他們，他們很可能會跟你坦言自己遭到霸凌。就算他們沒辦法直接開口，只要你花點時間跟他們聊聊每天在校的情形，參與他們的生活，認識他們的朋友，你也會發現許多蛛絲馬跡，察覺到有事不對勁。當你發現孩子表現出以下遭霸凌的警訊或跡象，要特別留意他言行背後所隱藏的含意：

1. 突然對學校沒興趣或不想上學。
2. 改變平常上學走的路線。
3. 成績一落千丈。
4. 變得退縮，不參與家庭活動和學校活動，想要一個人獨處。
5. 放學後很飢餓，稱說午餐錢搞丟了，或在學校時並不餓。
6. 拿父母親的錢，編出很彆腳的理由解釋錢的去向。
7. 一回到家就直衝浴室。
8. 接聽電話或收電子郵件後顯得悲傷、陰鬱、憤怒或驚惶。
9. 做出不像他會做的事。

10. 用貶損的言詞談論某位同學。
11. 不再談同學的事或每天上學的情形。
12. 校服不是不見了，就是被扯破或衣冠凌亂。
13. 身上有傷痕卻解釋不清。
14. 胃痛、頭痛、恐慌、失眠、嗜睡、無精打采。

除了和孩子談談學校的情形、留意警訊之外，你也可以直截了當地問：「你們班上有霸凌者嗎？」「他們都做哪類的事、說哪樣的話？」「這些霸凌者是不是會專挑某些同學下手？」「他們有沒有欺負過你？」

不論你是怎麼得知孩子遭到霸凌的，首先要做的，就是用鼓勵、支持和愛來回應孩子所顯露的恐懼或其他徵兆。他們必須知道，沒有什麼事是太過可笑或太過嚴重而不必要談的，他們也要知道，你隨時關心著他們，支持他們，給他們力量。

一些該做和不該做的事

你若是教孩子要喜歡自己，要爲自己著想，把困難當成問題來解決，他們比較會找你幫忙，並從過去的經驗知道你的幫助有啓發性、有建設性——不會讓情況變得更糟。

他們也會知道，他們可以相信你所傳遞的這些訊息：

1. **我聽到你所說的，我會陪在你身邊；我相信你，你並不孤單**。不管你的孩子說了什麼，或如何描述，最好的台詞是「說給我聽吧」，然後安靜地聆聽。讓孩子說說遭到霸凌的經過，別問一大堆問題來引導孩子回答，這樣你才能洞察孩子怎麼看待這件事，他在擔心什麼、焦慮什麼。你說不定也能從中了解到這霸凌事件如何刺傷孩子的自尊心和自我價值感（你的孩子會因爲遭霸凌者毆打而打自己嗎？他對自己的回應或沒有回應感到可恥嗎？他有沒有遭霸凌者同夥或背棄他、閃避他的人羞辱？）聽完孩子說出他的傷痛後，你可以開始搜集相關人物、時間、地點等資訊。劈頭就想搞清楚事實經過會遺漏掉最重要的一部分，那就是這件事對孩子的身心所造成的衝擊。

2. **這不是你的錯**。有錯的是霸凌者，沒有人應該遭受霸凌。你的孩子也許做出了某些挑釁的舉動，惹惱了霸凌者，不過，這些舉動絕不能用來合理化霸凌者的輕蔑行徑。「要是你……就不會……」、「要是你沒……就不會……」、「如果你不是那麼……就不會……」這類的話一定要避免。記住，霸凌者已經貶傷了你的孩子：「你不值得尊重；你保護不了自己；你對學校裡發生的那件事根本沒輒；沒人喜歡你。」你的孩子需要你的幫助，好讓他去抵擋這些不堪的律令。

3. 有些事是你可以做的。「我可以怎麼幫你？你不會無助又無望，而且你不必獨自面對這一切。我們一起想辦法有效地處理它。」你可以幫助孩子想出幾個法子，讓他自信地站出來面對霸凌事件、避開危險的情境，找回他的力量並且充分發揮他的天賦或能力。他需要你幫助他探索可能的作法，分析利弊得失，排除那些會讓情況變得更糟、讓他陷入更危險處境，或進一步招來暴力的選項。「這樣做會有多大的幫助？」「你還可以做些什麼？」排除掉不利的選項之後，他可以自信地採取建設性的作法。

4. 向學校反映霸凌事件。老師們有必要知道孩子所遭受的欺凌。他們需要事實——日期、時間、地點、涉及的學生及事件的細節——還有霸凌事件對孩子的衝擊。持續的追踪，以確保校方積極地採取行動保護你的孩子及其他被霸凌的小孩，此外也要留意校方沒有不當地懲罰霸凌者抑或姑息包庇，而是讓他得到合理的管教。年紀稍長的孩子會不希望你跟校方聯繫，他們擔心你的介入將讓事情變得更糟。而且他們曉得，倘若校方不把霸凌當一回事嚴肅地處理，事情的確會變得更糟（第九章〈關懷的校園，熱心的社區〉有更詳盡的說明）。

下列的五件事，你千萬不要做：

1.別小看霸凌、合理化霸凌，或者草草地將它解釋掉。霸凌帶來莫大的傷害，它絕對不只是小孩子惡作劇、鬧著玩或吵吵架而已，而是蓄意的傷害。輕忽霸凌行徑，爲它找藉口，或是草草地把它解釋掉，你等於是不經心地告訴孩子，他眞的是孤立無援。沒多久他就會認爲，最好還是默默受苦別聲張。

2.別急著替孩子解決問題。除非孩子肢體上受到嚴重的威脅，否則你貿然接手，把問題攬在身上，等於是在告訴你的孩子，他比自己所想的還要無助；告訴那霸凌者，你的孩子很好欺負；告訴孩子的同學，那霸凌者做得好——你兒子「很孬」，或等而下之，是「離不開娘的媽寶」。話雖如此，我們也不能把遏阻霸凌的責任全交給孩子承擔。我們可以教他們一些方法，讓他們學會如何抵擋霸凌者、捍衛自己，此外，你身爲大人的職責，還包括打造一個杜絕霸凌發生，而且當我們目睹或聽聞霸凌時能勇於面對的環境。這樣做和著急地插手，因而使得被霸凌的孩子更加無助無力相比，結果大不相同。霸凌者是學會逞兇作惡的，所以他也必須學會停止惡劣的行徑，而這個教育過程的其中一環得由大人負責。大多數的旁觀者，就某方面來說，是鼓舞霸凌者使壞的，所以需要加以改變的是環環相扣的一整個系統。在這系統中，每個按照各自腳本演出的孩子都需要得到支持、教育和輔導，好改寫整齣戲碼。

3.別叫你的孩子一見霸凌者就躲。這樣做等於是不經意地叫孩子逃跑和躲藏，活在恐懼中。霸凌者「嗅得出」那恐懼何在。這麼一來，你的孩子只會愈來愈像個軟弱的受害，結果反而是召告校內所有霸凌者，找他下手準沒錯。避開霸凌者以免有立即的傷害是對的，但不是長久之計。曾有個十六歲的高中生跟校長說，有一群學生經常對他口出惡言，用不堪入耳的言詞詆毀他的宗教，在走廊上故意推撞他，校長建議他從此以後改走另一條走廊進教室，不只是等問題解決前暫時避避風頭，而是直到學期結束都如此。當我們把責任加諸在被霸凌者而非霸凌者身上，情況會變得更加棘手。

4.別叫你的孩子還手。你不會眞想教孩子以暴制暴吧?!以暴制暴解決不了問題，況且，那霸凌者之所以挑上你的孩子，正是因爲他知道你的孩子不是他的對手。一旦你的孩子打輸了，會有更大尾的霸凌者等著他。因此，保護自己，變得有自信，才是上上策。再說，變得有自信往往需要你的孩子動腦和動腳——而且是按這個順序來。「留在這裡很不妙，我還是先走爲快。」他之所以走人不是因爲懦弱，而是機警。以自信的態度回應霸凌者的孩子，比試圖還手的孩子更能成功地反制霸凌。

5.別單獨面對霸凌者或霸凌者的父母。霸凌者的惡行是學來的，他模仿的對象很可能就是他的父母親。這些父母很可能很有戒心、很不配合，而且會馬上反咬說，這一切都是被霸凌小孩的不是。曾有個霸凌者的母親遭到指控說，她七歲大的女兒在其他同學的慫恿之下，罵班上某位女生「又黑又醜」，這母親堅稱她女兒絕不會做這種事，假使眞做了，也是那女生自找的。

可能的話，請學校輔導老師幫忙，先跟你和孩子談一談，再請他和霸凌者及其父母親談談。

告知與告密

孩子必須知道，他們可以，也應該告知大人有霸凌發生，即使他們自己有辦法應付也要這麼做。霸凌者要是沒被揪出來，就會找下一個目標下手——而這個人很可能不是霸凌者的對手。被霸凌者把實情告訴大人，免得其他人步上他的後塵，即是扮演了見證者這個至關緊要的角色。

如我說過的，大多數的霸凌行徑都是在大人的「視線之外」發生的，孩子們會猶豫該不該說。我們要讓孩子相信，我們是可以信賴的，跟他們站在一邊，可以當他們的後盾，而且會採取行動——前提是他們要說出來。而這關係到我們如何教導他們分辨告知和告密的差別。

打從孩子開始在手足或同學背後論長道短，我們就會告誡他們：「別告狀，別打小報告。」可是當孩子不讓我們知道霸凌這麼重大的事時，我們卻責問他們：「你爲什麼不說？」就連我們的遣詞用字——打小報告、告狀、告密、告發、出賣——都帶有貶抑的意味，孩子從中學到，道人長短不是好事。那些字眼的負面意涵使得孩子們三緘其口。然而他們卻不知道，看見惡行仍三緘其口是不對的。

就如我們可以教孩子分辨說笑和辱罵、逗弄和騷擾、打打鬧鬧和霸凌的不同，也可以教他們告知和告密的差別。我有個簡單的說明供大家參考：

告密：如果說出來會讓另一個小孩陷入麻煩，別說。

告知：如果說出來會讓你或另一個小孩遠離麻煩，要說。

如果以上皆是，非告知大人不可。

這個原則不是要教孩子該跟大人說什麼，而是幫孩子分辨什麼事一定要通報，不管他們可能會面臨什麼情況。

運用日常生活裡的事件來練習，你可以開始教四歲的孩子分辨告知和告密不同：「傑米又在吸手指頭了。」（告訴我是爲了讓傑米遭殃；別說）「傑米的門牙掉了，滿嘴都是血。」（告訴我可以讓他得到清理和照顧；要說）「傑米在吸手指頭的時候門牙掉了，他的嘴巴都是血。」（兩者皆是，非說不可）等孩子六歲時，他就有能力學會分辨說笑、辱罵、手足之間的爭吵和霸凌的差別。要是強尼霸佔鞦韆，告訴大人只會讓他挨罵，所以別說。要是強尼把傑夫推落鞦韆，還口出惡言，要告知大人，而且非說不可。如果六年級的蘇西叫全班女生孤立新轉來的女同學，對她下馬威，看她有沒有本事熬過三個禮拜沒人理的狀況，一定要告知大人，而且非說不可。

如果孩子從小就慢慢學會分清楚這兩者的差別，等他們十幾歲，效果會顯現出來。青少年的他們會懂得，告訴你班上有一夥同學欺負某某人，還遭他們洗劫財物，而且跟班上同學漸行漸遠，這不是打小報告，不是告密、告發或出賣，而是幫那個人遠離麻煩，脫離苦海；孩子會懂得，如果不說出來，那同學可能會有生命危險。你女兒的好友懷了五個月的身孕，努力要掩蓋，還要女兒替她保密。你女兒把這事說出來會讓她的好友和某些人陷入麻煩，不過這樣做無疑是幫她的好友和寶寶遠離麻煩。你女兒有這項工具幫她分辨該怎麼做，她會這麼做嗎？我們不曉得，但是這個工具幫得上忙。比方說，放學後有學生要械鬥，大批械具藏在尋仇學生的衣物櫃裡，告知大人肯定會讓這些學生在短期內很不好過，但長遠來看是幫他們一把，避免他們釀成大禍，後悔莫及。

茱莉告訴她母親，瑪瑞迪威脅梅涵當衆脫褲子，梅涵不依的話就會遭以瑪瑞迪爲首的小圈圈排擠（見第二章），這就是讓某人陷入麻煩、讓另一人遠離麻煩的例子。茱莉知道，她可以告知母親這回事，媽媽會相信她，會幫她忙，到最後，三個女生都會因爲她的通報而受惠。

除了運用生活裡的事件來練習之外，當父母的要保持溝通管道的暢通，隨時騰出時間，用心傾聽孩子說話——聽出話裡眞正的含意——留意他們是否支吾其詞，其肢體語言和行爲舉止透露些什麼。如果孩子們認爲，告知父母只會換來批評、懷疑或斥責：「別跟我說這些有的沒的！」「別那麼多嘴！」「他又不會自殺。」「要是我逮到你做那種蠢事，你就被禁足了！」孩子就會三緘其口。哪個十幾歲的孩子想聽「你的朋友不會蠢到自殺」、「你懷孕的好友是婊子」、「這學區不會有學生打架鬥毆這種事」這類的話？試想一下，要是茱莉的媽媽執意認爲，沒有人會那樣當衆整一個女生，或一定是茱莉搞錯了，或叫茱莉別管閒事，後果會如何？

安迪的朋友不巧就碰上了這種事。二〇〇一年三月四日，加州桑堤，十五歲的安迪到朋友家過夜時吹噓說，他打算殺害學校裡的學生。有位大人無意中聽到了那段談話，把安迪叫來訓了一頓，威脅說他要是膽敢再說殺人，就要把他送交警局法辦。他聽了之後反駁道：「我不過是開開玩笑而已。」隔天，安迪眞的殺死了校內兩名學生，造成至少十三人受傷。他沒有說笑，他表達了化爲憤怒的委屈和傷痛。

安迪的幾個朋友原本很擔心會出事，曾告知父母安迪揚言殺人。事後有位母親很後悔她沒把兒子的話當一回事，還跟兒子說：「別傻了，他沒那個膽。」這幾位憂心忡忡的男同學當天到學校後，還試著安撫安迪，勸他別做傻事，但他們沒料到安迪的書包裡眞有一把上膛的手槍：「我們沒想到他是玩眞的。」「要是我們把事情抖出來，他會遭殃的。」「他經常被取笑欺負，天天有人找他碴。」

我們不由得思忖，假使有個大人察覺到安迪的痛苦，把他帶到一旁，試著了解他，聽他「說說心裡的話」，知會他的父母，詢問他父母他有沒有管道可以弄到槍枝，通知校方這男生憤恨難消需要提高警覺；假使他朋友把這件事告知大人後大人當一回事；假使凌辱同學不被看成是小孩子鬧著玩而已；假使……情況又會是如何?!

事發當週，另有一位八歲女學生說同班同學揚言要殺她。她得到了關注，校方嚴正以對，並且扣押了一把從某位八歲男同學的書包裡起出的上膛手槍。沒錯，這男生的麻煩大了，但是比起他眞的射殺那女孩，情節可是輕微多了。此外，這位女學生幸運逃過一劫，而且上了「通報」的寶貴一課。

反制霸凌的四大解藥

對付霸凌的四大解藥是強韌的自我感、與人爲善、至少有一個可以同甘共苦的好友、能夠成功地打入某個團體裡。校園霸凌者會試圖破壞這四者，先是騷擾你的孩子，貶低他的自尊心和自我價值感；其次是有效地孤立他，讓他沒辦法發展出好的同儕關係當後盾；再來是拉攏其他同學，或起碼讓其他同學不會站出來聲援或從中作梗，也就是說，更進一步地讓你的孩子在班上、在校內徹頭徹尾的孤絕無援、形單影隻。遭霸凌會導致進一步的遭同儕排斥。在被霸凌的孩子最需要同儕伸出援手的時候，他得到援助的機會反而微乎其微。不管他多麼努力要打入群體中，似乎就是沒人喜歡他、接納他。於是你的孩子開始把學校看成可怕的地方，在那裡他孤單無助，找不到信得過的人可以幫他。他愈常遭霸凌者修理，他愈需要改變常做的事、常去的地方及他希望打入的群體。這暴力的惡性循環會愈演愈烈。

在初期，暴力的循環很容易打破。但是不管初期晚期，一旦發現孩子遭受霸凌，你都可以協助他強化他的自我觀感，敎他怎麼與人爲善、怎麼培養堅定健康的友誼，以及怎麼打入某個團體。皮爾斯（S. Pierce）在他一九九〇年的博士論文〈受害兒童的行爲特質〉（The Behavioral Attributes of Victimized Children）裡指出，孩童在校園生活裡不會一而再被欺負的五項人格因素：友善、樂於分享、合群、善於和同學打成一片、有幽默感——這些因素都和這四大解藥息息相關。

強韌的自我感

假使你的孩子認爲自己有能力、有自信、很合群、有責任感、有智謀、不容易被打倒，不僅他不會變成兇狠好鬥的霸凌者，也比較能夠有效地反制霸凌的攻擊。如第一章所描述的，被霸凌者的第一反應至爲關鍵。霸凌者一旦看某種人不順眼，而你的孩子不巧就是那個人，不管他體格多高壯，看起來多有自信，說話多機智，他可能就會被盯上。你跟孩子說的這句話「只要用上防範霸凌者的技巧，霸凌者就不會找上你」，在現實裡並不成立——眞希望情況如你所言，可惜並不是這樣。事實是，你的孩子愈是對自己感覺良好，他愈不會上霸凌者的當，倘若有人蠢到找上他的話。

會用正向的自我對話來發展自信和自尊的孩子，比較會把霸凌之所以發生歸爲外在因素，因而不會傷及自尊。我希望孩子把以下這段話記在心裡：「我是個善良、溫暖、有責任感的人。這不是我自找的，我不該得到這種對待。那霸凌者搞錯了，他那天顯然過得很不順利，所以想找人出氣。」有時候我會輕聲細語地對剛剛遭同學欺凌的孩子這麼說，那是說這些話的最佳時機；有時候則是直接對霸凌者這麼柔性喊話。無論是哪種情形，被欺負的孩子聽到後會肯定自己的尊嚴和價值感，開始把問題歸於有錯的一方——霸凌者身上。

反過來說，如果你的孩子欠缺強壯的自我感，很依賴別人的讚美，生活上一旦出錯很容易受打擊，他很可能把遭遇霸凌這種事歸咎於自身。這類的孩子比較會掉入霸凌的圈套，因而更容易受到攻擊。假使他們認爲，遭霸凌是因爲自己的個性有缺陷，更可能變得消沉、焦慮（我很笨、很醜、很拙、沒有朋友、樣樣不如人、不正常）。當他們捫心自問「爲什麼是我碰上這種事？」時，他們正在霸凌自己，證實霸凌者挑上自己並沒有看走眼。這些自我打擊的念頭不僅會把他們轟得體無完膚，還會加深無助感和絕望感。

一旦孩子開始練習自我肯定的藝術——正向的自我對話——他們對自己的觀感會慢慢好起來。你不能只是教孩子說些空泛的言詞肯定自己，孩子需要大人隨時在生活中給他鼓勵、回饋和無條件的愛。他們需要大人教導做人做事的道理，好讓他們在自己和他人眼裡就是一個親切、溫暖、有責任感的人，而且喜歡自己，會爲自己著想，知道自己有能力解決問題。回想一下磚牆家庭、水母家庭和骨幹家庭的特徵（見第五章），其中唯有骨幹家庭能提供孩子良好的互動結構，讓孩子發展出反制霸凌所需要的強壯自我感。在骨幹家庭成長的孩子，可以自由地表達感覺、犯錯並從錯誤中學習，而且他們知道，他們可以做對自己最有利的事，捍衛自己，行使他們的權利，同時也會尊重別人的權利和合理的需求。

有時候，自我肯定還不夠。孩子還需要學一些可以回敬霸凌者的話——自信的還擊。這些話要說得自信很重要，不要帶有攻擊或消極的意味。

攻擊——不管是言語上、身體上或關係上的——只會招來更多的攻擊。憤怒地還手，以激烈的手段回應霸凌者的孩子，最後往往是落敗收場。能當霸凌者的都不是笨蛋，這會兒他可找到一個沮喪、受挫、喪氣的好獵物了。

我爲了寫這本書進行研究時，讀過某位心理學家建議孩子在遇上霸凌者時可以用來回敬他的一些句子。那些句子具有攻擊性，讓我深感不安，依我看，那些話八成會進一步激怒霸凌者，讓你的孩子變成他的頭號目標。

這些句子如下，我建議父母們，不要教孩子這樣說：

- 說「彼此彼此，你也好不到哪去」這類的話。
- 反唇相譏，用損人的話把霸凌者貶回去。
- 叫霸凌者的名字並說：「你剛剛說什麼？」「你再說一遍看看？」霸凌者會重複兩三次，接著你拉低姿態說：「再見，××，你已經囉唆三遍了。」之類的話。
- 當霸凌者說一些很明顯的話時，讓他顯得很蠢。比方說：「他注意到我沒頭髮耶，哇塞！」
- 嘲笑霸凌者詞窮：「你怎麼老罵一樣的話，換點別的台詞吧，不然改用唱的也可以呀！」

我們可以從質疑這類言詞，把它們從我們的語彙裡刪除著手，來打破暴力的循環。就像我二十四歲兒子說的：「連那種念頭也不能有。」佛家有言：「勿因耳聞而輕信……

凡事合理方可信，且需益己復益人；必俟體察分析後，始能虔信並奉行。」（譯注：摘錄自《羯臘磨經》）上述那些話沒有一句是益己益人的。

話說回來，消極也會惹來進一步的攻擊。以消極的方式——低聲下氣、求饒或很快地屈從於霸凌者的要求——回應攻擊的孩子，只會讓霸凌者食髓知味，繼續回來糾纏他。拿朋友不小心弄傷你時你會說的話來回應霸凌者只會適得其反：「喂，那樣很痛耶。」「別那樣啦，很討厭耶。」「少煩我，你讓我很不爽。」在霸凌者聽來，這些話句句是邀請，邀請他繼續騷擾你。在霸凌者面前痛哭流涕，或是讓他知道你的罩門何在，等於明白告訴他，他得逞了，接下來，他會一次次變本加厲，每一回出手，都會讓他固有的同情心和羞恥心更少一分，讓他更加麻木不仁。

自信的話語和行動可以消解騷擾者的侵略性，而且大半都可以讓這自信以對的人全身而退，保全自尊和自我價值感：「哎呀！我沒心情跟你玩。我要走了。」「哇，老兄，你講話眞不留情啊，我不想聽這些，我要走了。」「這種事很不入流耶，有失你我的格調吧。」你可以教孩子在遇上霸凌者時大聲說出這些話，或在自我對話時加以演練。無論是何者，這些話會賦予被霸凌的孩子力量，讓他反被動爲主動，見招拆招。山姆・洪恩（Sam Horn）在《口舌功夫》（*Tongue Fu!*）一書裡，說明了自信的話語何以有機會阻撓霸凌者的原因：「霸凌者見縫揷針，得寸進尺，藉此來衡量你這個人。他們會測試對方，看看他帶不帶種。他們變態地只佩服敢對他說『你別想我會放過你！』的人。」

全世界的戈曼

麥可・麥曼尼斯（Michael McMannis），加拿大電視製作人，和我分享他小時候遭受霸凌的故事，以及他父親教他的一句話：

每天就快中午時，戈曼，坐我後面一個人高馬大的男生，總會在我面前揮拳喝道：「繳錢來！」然後我會衝回家吃午飯，偷我媽的錢，回學校把錢交給他。就這樣偷了幾個禮拜後，我的罪惡感壓過了我對戈曼的恐懼。我跟我爸自首，並說明原委。我爸聽了之後告訴我：「麥可，你這輩子會碰到很多像戈曼這樣的人，你得抬頭挺胸勇敢地面對他，讓他知道到此為止，這遊戲結束了，讓他知道你不怕他這種人。」

隔天，我走路上學途中一直在練習該跟霸凌者說什麼。當他的拳頭又揮向我時，我面向他，打直腰桿，說了我爸前一晚教我的話：「到此為止，戈曼，我不會再給你錢了。」就在那一刻，戈曼在我眼裡顯得非常弱小，我覺得自己比他壯碩很多。後來我沒再看過他對我揮拳頭。

抬頭挺胸、堅定自若、說話自信一定吃得開嗎？未必，不過這是你的孩子可以採行的有效腳本之一。關鍵在於，仔細沙盤推演，備妥幾套腳本，演練可能的幾種行動，同時要能分辨碰上什麼情況要搬出哪個腳本才有用。有時候輕聲細語最好，有時候要大聲說話才對，有時大喊救命才是高招，也有些時候閉上嘴巴拔腿就跑才是上策。如同崔佛・羅曼（Trevor Romain）在《霸凌者來了，怎麼辦？》（*Bullies Are a Pain in the Brain*）一書裡說的：「你發瘋似地在街上狂奔看起來也許有點蠢，不過起碼你還活著。」然而，也有一些時候是乖乖交出錢或夾克才叫明智。你的孩子一定要明白一點，沒有什麼比安全更重要的了。

先發制人的自信舉動，是和潛在的霸凌者維持友好的關係。艾根（S. K. Egan）和裴瑞（D. G. Perry）在他們一九九八年的研究裡指出，個性「隨和」的孩子會傳遞出「我喜歡你」的信息，所以相應的其他孩子，即便是好鬥的人，也比較會喜歡他們，因而不會跟他們作對。我有切身的經驗證實他們的結論無誤。一九七〇年夏天，我在北丹佛當泳池救生員。爲了爭取和丹佛市其他比較富裕的區域一樣享有同等級的新設備，和公園及休閒遊憩管理局經幾個禮拜協商談判破裂後，一群憤怒的青少年決定要自力救濟。他們衝進泳池，發洩怒氣，看到東西就砸，把跳水板、淋浴間、更衣室破壞得慘不忍睹，並且和上前制止的警衛大打出手。其中四名孩子捉住了我，帶頭的孩子見狀隨即叫他們放開我。之後我迅速翻過鋼絲網牆跑回家。幾個禮拜後，泳池修繕完成，而且配備升級，我碰巧遇見叫手下放我走的那個年輕人。我問他爲什麼要放我，他聳聳肩說：「因爲你有一次對我很好。」

以自信的態度回應霸凌者的孩子，展現三項重要的特質：相信沒有人奪得走他的自尊和價值感；知道自己有辦法應付霸凌者；拒絕和霸凌者糾纏不淸。

保鑣、與人為善和打入某個團體

遏止霸凌比防範於未然還困難。結交幾個年紀稍長的孩子當保鑣、與人爲善、懂得怎麼打入某個團體，可以大幅降低你的孩子遇上霸凌的可能性。

保鑣

如果你的孩子很可能在上學途中、校車上、操場上、吃中飯時、走廊上遭霸凌者欺負，找個年紀稍大的孩子當他的保鏢很有幫助。既然每個孩子都有遭霸凌的危險，上上策是孩子一入學便盡早幫他找好「保鑣」。這個「保鑣計畫」一舉兩得。年幼的孩子有年長的孩子「保護」比較不會被同儕盯上，而年長的孩子當年幼的孩子保鑣後，比較不會去欺負幼小的孩子。這些年長的孩子忙著「當好人」、「做好事」及「發善心」，沒時間也沒心思去找年幼孩子的碴。如此一來，成功的同儕關係的三要素——同理心、同情心和從另外的觀點看事情——會相對地提升、增強。有時候最棒的保鑣是洗心革面的霸凌者，他們以前錯用在欺負弱小、惹事生非的領導能力和氣概，正是他們改邪歸正、扛起新任務的最大資產。

與人為善

就像友善待人有助於霸凌者改頭換面，對於可能成爲霸凌者目標的孩子來說，與人爲善同樣好處多多。人際關係好非常重要，人緣好的孩子比較不會被霸凌者盯上，要是不幸被欺負，受到的傷害也會比較小，事發後在同學的支持下也比較能夠調適過來。

孩子需要有人教他怎麼聰明地交朋友、維持友誼、遠離壞朋友。頁142所列的「交友十大祕訣」，不管是被霸凌的一方或霸凌的一方都受用。塔菲爾博士（**Ron Taffel**）在《幫助孩子說出心裡話》（*Nurturing Good Children Now*）一書裡指出，影響孩子發展友誼最最關鍵的因素，是父母對待孩子的方式。他寫道：「不論當父母的是慈愛或苛責、開明或專斷、要求很多或樂於付出、神經大條或很神經質；是鼓勵孩子們相親相愛，還是任他們惡待彼此——他們的言行舉止都會影響孩子挑選哪類的朋友爲伍。」家庭內的親子互動也會影響孩子交朋友所需的社交技巧。你的孩子需要機會發展傾聽、和他人交換意見、相互合作以達成共同目標的能力。他們要有能力控制自己的行爲，預期自己的所言所行可能招致的後果。孩子會把在家裡學到的態度和行爲帶到學校裡。

會惹惱或激怒同學的孩子不僅很容易變成霸凌者的目標，甚至連溫暖、有同情心的同學也會避之不及，變得愈來愈孤立。他們愈是孤立，就愈有可能被霸凌者盯上，而霸凌者會聯合旁觀者一起來對付他。如此一來，他可能會變得非常沮喪或是脾氣火爆。倘若你的孩子不經意地引起同學的反感，他需要你從旁留意他在社交圈裡的言行舉止，協助他找到方法解決問題。他可能是用錯了社交手法、不知道有更好的法子，或是他想得出來的好方法全用光了。

另外很重要的一點是，你的孩子要知道怎麼正確地解讀社交訊息——別人的言詞、行爲及肢體語言。孩子們私下會彼此討論、學習社交行爲——怎麼做是對的、怎麼做不對；什麼事可以接受、什麼事不可容忍；哪種幽默好笑、哪種搞笑傷人。他們得要注意別人是如何回應他們的言行，從同學的反應體察自己的言行是否合宜、得體。「跟我說說你把那玩具搶過來時，對方有什麼反應？」「你批評他的穿著時他有沒有不高興？」「大家聽到那個笑話時都在笑嗎？」「被取笑的人有沒有顯得很傷心的樣子？」「你的行爲惹惱了別人時該怎麼辦？」「要是你的朋友哭了，你可以說什麼或做什麼？」

假使你的孩子有嚴重的身心障礙或學習障礙，他很可能會變成霸凌者的目標，要是他不巧又人緣不好，遭霸凌的機率則又大增。良好的人際技巧事實上可以減少身心障礙的人遭受霸凌的可能性。不過，我也要提醒父母，你費心地教導處於弱勢的孩子懂得做個和善、溫暖、寬容的人之餘，也別忘了教他提高警覺，勿輕信他人，必要的話，爲了保護自己，該強硬就要強硬，別讓蠻橫無理的同學騎到頭上。有口吃的傑洛米應一群十歲大的同學要求唸他寫的一首詩。他高高興興地大聲朗讀，結果其中一位開始模仿他口吃的樣子，其他人跟著大笑起鬨。你的孩子需要能幫他識破別人的不良居心、仗義相挺的眞心好友。

你的孩子和同學之間的友誼建立在什麼基礎上也很重要。如果你那遭霸凌的女兒老是跟另一個也遭霸凌的女生黏在一起，兩人很可能成天互吐苦水，結果只會覺得更悲慘而已。同病相憐，人之常情，但是這樣一股勁兒的自怨自艾對雙方都沒有幫助。若換成是兩個同病相憐的男生，他們很可能會同仇敵愾，心中怒火愈燒愈大，繼而聯手圖謀報復，滋生事端。這類的受凌孩子需要支持與輔導，好讓他們的友誼基礎變得健康強韌，或是跳脫原來的基礎，變得積極正向。

前者實際上比後者容易得多。邀請落難二人組加入你一同完成需要他倆彼此合作、策劃和扶持才能達成的艱困任務，好讓他們倆凝聚在一起，友誼更深厚，同時擺脫當初使得兩人氣味相投的負面因素，開創全新格局。鼓勵他們關懷社區「日行一善」，也能幫他們「跳脫」兩人的小天地。忙著付出就沒時間自怨自艾了。

打入某個團體

和與人爲善、廣結善緣一樣，打入某個團體的能耐是孩子防範霸凌的第三個解藥。在操場上落單、不願意或沒辦法跟同學打成一片或參加團體活動的人，是霸凌者的頭號目標。要是你的女兒很怕生害羞，老是自己一人靠牆站著看別人玩耍，或是你兒子好似在跟霸凌者玩捉迷藏，而且總是他到處躲而霸凌者到處追，那麼他們需要學一些有用的技巧，好讓他們一方面成功地打入某個團體，另一方面在打入團體後知道如何爲人處世，比方說懂得觀顏察色、問問題、經常讚美、主動參與、合群、行事公允、樂意分享，以及用溫和的方式解決衝突。你可以模擬情境讓孩子運用角色扮演的方式，演練如何打入團體，以及遇上對方歡迎你、拒絕你或不理你的情況時該如何因應。他們應付這三種狀況的能力的優劣，會增加或降低他們打入校內團體的機會。

孩子也要有能力評估各種團體的性質，分辨自己比較適合加入哪些團體。有些團體會幫助他們學習怎麼跟人相處，如何和有志一同的人發展親密的友誼。有些團體透過服務社區讓孩子體會自己的價值。不過也有些團體是在找代罪羔羊，所以才向你女兒招手。有些團體則以找別人的碴爲樂。你那有同理心的兒子可能正在天人交戰，他既想屬於某個團體，但又看不慣團體裡的人以他知之甚詳的方式傷害別人。假使你的孩子所屬的團體會蓄意排擠別人、讓人難堪，或惡行惡狀地對待團體之外特定的少數人，而且強迫你的孩子要服從團體、逼他就範，那麼，該是他換新團體，結交懂得關心自己、關心彼此、關心圈外人的眞正朋友的時候了。決定自己適不適合加入某個團體之前，你的孩子要先自問：「在這團體裡我會是個好人（忠於自己）、做好事、保持善念嗎？」

談判協商和化解衝突的技巧

小孩子長時間相處在一起一定會起口角、打架，所以必須學會和平地解決問題和化解衝突，這一點很重要。要做到這一點，你的孩子要有能力了解朋友的願望和需求，同時也肯定自己的願望和需求。此外，他也要有能力基於善意和公平原則，想出大夥都願意配合的解決辦法。在《孩子是無價的》一書裡，我對這個主題有詳細的說明，以下是簡單的摘要。

解決問題

不管是什麼問題，解決辦法通常包含以下六個步驟：

1. 指出問題、定義問題。

2. 列出可行的辦法。
3. 評估這些選項——一一探討各自的利弊得失。
4. 選定某個作法。
5. 擬定計畫，著手實行。
6. 評估問題及解決之道：問題是怎麼來的？能否避免同樣的問題再度發生？目前的問題解決了多少？

當孩子能夠說出自己的想法，聆聽對方如何推論，共同合作解決問題，他們會學到，沒有什麼是絕對對或絕對錯的，也沒有一個百分百正確的方法可以解決所有的問題。孩子會從交換意見、持開放態度和攜手合作之中把彼此凝聚在一起。一同經歷過成功地解決問題的孩子們，比較會在彼此遭遇霸凌時伸出援手。

和平地解決衝突

成功地化解過無可避免的衝突的孩子，也是如此。大人的身教是最好的教材。假使大人把衝突看成鬥爭，八成會在言語上或肢體上和「對手」拚個你死我活，非分出高下不可。我們也可能遇到衝突就閃躲，結果教會孩子逃避。反之，我們也可以以身作則，從容自信地化解衝突，既不攻擊對方也不消極迴避，我們可以教孩子用建設性的作法來取代反擊、逃避或嚇得不知所措的本能反應。我們可以透過實際發生的例子來教育孩子，使用暴力不僅不成熟、不負責任，根本解決不了衝突，唯有透過和平理性的方式才是睿智又英勇的作爲。在這過程裡，我們要教導孩子聆聽各方說法，勿聽信一面之詞，而且動口之前先動腦，想出雙方都能接受的解決方案。

教孩子表達內心的感受，也能幫助他們學會別太快下定論，比較能夠同情、同理對方。以下是孩子可以試著學習的幾個簡單的表達方式：

試著說	別說
當我聽到（或看到）……	當你說（或做）……
我覺得……	你讓我很生氣。
因爲我……	我沒辦法嘛。
我需要（或想要）……	你最好……或諸如此類的。

教孩子學會自信地釐清、消化自己的感覺需要時間，孩子會慢慢懂得，他們的感受很重要，他們可以依賴自己去應付這些感覺，眞的應付不來的時候，可以找你幫忙，獲

得支持和引導。

兩造的孩子分享完感受後，接下來則是檢視和平化解衝突的五大要素：

1. 指出衝突背後的癥結點。
2. 了解每個人各自不同的立場如何造成紛爭。
3. 想想你願意做什麼以化解那個癥結。
4. 要有雙方都必須各退一步的心理準備。
5. 問問自己：「我們想要從中得到什麼結果？」

如此一來，孩子們會合力想出雙方都能接受的解決辦法，而這個辦法則是奠基於他們對每個人的願望、需求、感覺和想法有著更深入的理解。

大人也要提醒孩子們記住幾個原則：

1. 適時喊暫停——「我們雙方現在都在氣頭上，不適合談問題，待會兒冷靜下來再談吧。」「我現在心裡很煩，沒辦法想這件事。我需要休息一下。」——教孩子懂得，雙方在有情緒的情況下是沒法冷靜理性地談事情，因此暫停一下很重要。

2. 絕不動粗——「你那樣說我很傷人。」「你可以生我的氣，但你不能動手打我。」——要是有孩子控制不了情緒爆粗口或動粗，其他的孩子有權制止。

3. 堅守公平原則——「我沒先問過你不會借你的筆，我希望你想借我的筆去用時也能夠先問我一聲。」「下課時你總是先拿到球，因爲你跑得比我們都快，這樣不公平，我們必須想出一個更好的辦法才行。」——公平原則不見得是一視同仁的平等對待，而是以光明磊落、不偏不倚的作法兼顧衆人權益。

我們可以透過實例解說、解決家中紛爭，以及練習「要是……該如何」的虛擬情境角色扮演，教孩子學會分辨什麼時候該喊暫停，體認他們有權利得到尊重、保有尊嚴和公平待遇。此外，相對地，孩子們也有責任別讓情緒失控，不能口出惡言或動手打人，而且同樣要用尊重的態度對待別人。孩子會從和平化解衝突當中學到，如何把情緒看成正面能量，藉此鞏固、維繫自己和別人的良性關係。

我們可以教孩子體會捍衛和平的深層意義。和平不是沒有衝突，而是把衝突看成是挑戰和成長的契機。

揭開憤怒的面具，平息怒火

納粹大屠殺的倖存者維瑟爾（Elie Wiesel）在他回憶錄《暗夜》（*Night*）裡寫下匈牙利士兵將他和家人驅離家園的經過，「從那一刻起，我開始恨他們，那恨意至今依舊是我們這些倖存者之間僅有的聯繫。」被問起書裡這一段時，他說：「我是這麼寫的沒錯，但我當時並不恨，我只是覺得非常憤怒，覺得很被羞辱……我失望至極。我之所以用『恨』這個字眼，是因爲它表達了我想像得到的最強烈情緒。但是現在回想起來，當時我心中已沒有恨。我從成長過程中體會到，這股恨意摧毀了懷恨的人，也摧毀了它的受害者。」

憤怒、羞辱和失望——倘若你的孩子遭到霸凌，他的心中很可能充滿了這類情緒。他表達這些情緒的方式，就是說他恨那個霸凌者，恨和霸凌者一夥的，恨取笑他、袖手旁觀和轉身離開的人，也恨沒有出手遏阻霸凌者的大人。維瑟爾體會到，「恨」這字眼掩蓋了他在戰爭期間目睹可怕的屈辱和不人道對待時所感受到的更底層的情緒。當恨這個字被說了出來，憤怒、羞辱和失望還窩藏在心裡。維瑟爾不想爲這些情緒所吞噬或戕害，所以他必須指認它們、接納它們。

你的孩子也需要這麼做。不過，首先，他們得知道，有感受是正常的。感受本身沒有所謂的好或不好，你的孩子怎麼看待自己的感受，會讓一切變得不同。感受是成長的動力，也是某些事需要改變的警訊。把悲傷掩蓋起來，對孩子沒有好處：「算了吧，開心點，把他忘掉，他不會再傷害你了。」孩子需要哀悼他的失落，不管他失去的是安全感、歸屬感、身心健康、學業成就或是人際關係。輕忽霸凌事件只會讓被霸凌的孩子把痛苦埋得更深，讓心底的傷口發炎潰爛。叫孩子別把心中的感受當一回事：「這並不嚴重，不要緊的，我沒事，眞的，別理它了吧。」等於是要他漠視他合理的感受所傳遞出來的重要訊息。

叫孩子不能生氣或不該生氣，等於阻斷了他從傷害中療癒自身的路，也剝奪了他從霸凌的陰影中走出去的機會，同時更會讓他永遠困在「自己是無助的受害者，而霸凌者無論如何都是壓迫者」的想法裡，搞不好還會讓他成天動腦筋想法子報復霸凌者。要療傷止痛，揮別霸凌的陰影，他必須把心事說出來，表達出憤怒，並且知道有人相信他，看見他的傷痛。在他能夠說出「我很憤怒」之後，你才可能幫他掀開憤怒的面具，平息怒火。另起你可以幫助孩子回答以下的問題，藉此把憤怒掀開來：

1. 憤怒從哪裡來的？「從我內心來。那霸凌者並沒有讓我憤怒。」
2. 它掩蓋了其他的感受嗎？「我很受傷，很怕霸凌者會再傷害我，遇上這種事我覺得很丟臉，同學的反應也令我失望，還有，大人沒把我說的話聽進去也讓我覺悟到一些事。」
3. 我可以有其他的感受，而且依舊感到憤怒嗎？「可以，否認憤怒，把它壓下去，或盡情發洩，都不能甩掉它。」
4. 我究竟爲什麼會憤怒？「因爲我在乎，我不在乎的事是不可能叫我生氣的。」

在《瑜伽，追尋眞我》（*Yoga and the Quest for the True Self*）一書裡，心理治療師和資深的克里帕魯瑜伽（Kripalu yoga）大師史帝芬・寇普（Stephen Cope）將憤怒形容爲：「一種能量，如同其他的情緒一樣，存在於身體經驗和心靈經驗之間。憤怒也像熱能等其他能量一樣會自然消散，如果我們不藉著心理防衛緊抓著它不放的話……憤怒很容易跟著內心的波浪湧現。它慢慢升起，漲到頂點，然後逐漸散去。」寇普提出五個循序漸進的「衝浪」技巧，幫助你的孩子與憤怒這原始的情緒和平共存，而不會隨之起舞，「直到心變得澄澈清明」：

1. **深呼吸**。深深地吸氣呼氣可以幫助孩子把心思從身體的緊繃、霸凌事件本身和憤怒的情緒上移開。
2. **放鬆**。肌肉放鬆下來之後，他會接納憤怒的能量，既不抗拒它，也不會隨之起舞。
3. **感覺**。藉著專注於身體有什麼感覺，以及身體哪部分給他這個感覺，他可以去探索他表現憤怒的獨特方式。他的胃在翻攪嗎？肩膀很緊繃嗎？他是否很衝動？是否讓憤怒壓垮了他？他想快速採取報復嗎？他是不是在盛怒之下毆打自己？
4. **觀看**。如果孩子觀察到感覺，他可以「選擇如何回應，而不是受它擺佈」。
5. **容許**。別抗拒憤怒，接納它，看它如何在身體裡流竄，讓孩子慢慢冷靜下來，沉澱思緒，這麼一來，他可以決定該怎麼做，怎麼回應霸凌者。

一旦你的孩子想清楚怎麼對待霸凌者，他們倆就可以達成和解。假使你的孩子在面對憤怒和悲傷的過程中確保自己安然無恙，而且得到大人和同儕的支持，他會發現自己有能力找到有新意的解決辦法，和洗心革面的霸凌者言歸於好。就像我在前一章提到的，這作法比起把校園霸凌看成是衝突事件，結果大不相同。我們要解決的問題是，在霸凌行徑被遏止下來，霸凌者也受到了應有的管教之後，雙方如何在校園裡和平共存。當此之時，被霸凌的孩子有權選擇怎麼面對。

縱使改過遷善的霸凌者誠心地跟你兒子認錯道歉，你的孩子也許需要多一點時間調整心情才有辦法跟他達成和解。需要多一點時間的用意，不是要刻意傷害霸凌者，以其人之道還治其人之身，讓他也吃點苦頭，嚐嚐受傷的滋味，而是孩子需要多一點時間面對傷害，釐清情緒、表達情緒，慢慢放下怨恨等毀滅性的情緒，好讓他重拾內心的平靜、安全感及身心安適感，同時逐漸敞開心，盡釋前嫌，和對方和好。這兩造的孩子若真的利用這段時間消化情緒，調整心情，終而走到和解這一步，除了他們的互動方式將和從前完全不同之外，兩人也就此脫離暴力的循環。

自我防衛

常常有人問我，把孩子送去學防身術能不能讓他們有效地反制霸凌者？把目標擺在出手反擊是不當的。做父母的都希望自己的孩子有能力保護自己。我三個孩子都學合氣道，一種本質上是爲了自衛而非攻擊的武術。遇上霸凌者動粗時，受到攻擊的人可以看對方如何出拳而「移動」身體，因勢利導，駕馭力量，回應得好的話，遭受攻擊的一方有如套好招似的搭配得天衣無縫，卻又圓轉滑脫地瓦解霸凌者的攻擊力道：「那種事很不入流耶，有失你我的格調。」練習合氣道（或練其他任何防身術也一樣）有助於孩子不受恐懼支配，專注於自己，和內在的平靜取得聯繫，讓心智清明。你的孩子練了這類的武術後，體態上會展現出自信，走起路來抬頭挺胸，虎虎生風，講起話來也鏗鏘有力。

在《合氣道及其球體式運動》（*Aikido and the Dynamic Sphere*）一書裡，作者阿岱爾・魏斯布魯克（Adele Westbrook）和奧斯卡・瑞堤（Oscar Ratti）闡述了合氣道祖師植芝盛平（Master Uysehiba）秉持的練武精神：「一個人誠心地只想保護自己，無意傷害他人。」作者說明了兩人之間四種層次的互動。套用到霸凌者及被霸凌的孩子身上，情況如下：

1. 霸凌者在對方毫無挑釁舉動的情況下無緣無故地刻意攻擊、傷害對方。這是四種層次裡頭最低劣的。
2. 霸凌者試圖藉由「明顯的挑釁，譬如口出辱言或表現出輕蔑的態度」，激怒對方出手攻擊他。一旦對方果真出手，就會再度受傷，不管是在身體或情緒上，或像蘭吉（頁52）一樣，被同學激怒而率先動粗，引發打架，最後遭留校察看處分。

這個層次和最低劣的層次之間只有「些微的差別」。

3. 霸凌者鎖定的目標既沒有攻擊也沒有挑釁。不過一旦遭攻擊，「他會主動防衛，也就是說，他會爲了保護自己拚命還擊。」於是不管霸凌者或他本身都會嚴重受傷。如此的作法比前兩者更以自衛爲目的，也是做父母的最常建議孩子採用的策略——態度要強硬，壓制情緒，出手回擊：「要是他打你，你就更兇狠地打回去，他就不敢再打你了。」多倫多一位很受歡迎的廣播主持人回憶說，他小時候被霸凌者欺負，之後跑回家求助，他爸抽出皮帶叱喝他說，回去跟霸凌者打一場，否則就回家等著皮帶伺候。女生則往往被教導用言語還擊：「彼此彼此，你也好不到哪裡去。」

以上這三種情形，有人會傷得很重，多半是霸凌者鎖定的目標。第四種情況則不然。

4. 遭霸凌的一方既不回擊也不挑釁，運用技法防衛自己之餘，攻擊的一方也不致嚴重受傷。若是用上某些武術招式，霸凌者也許會倒臥在地，但不會受重傷，一旦他被制伏，無力反擊，即可收手離開。如此一來，再度被霸凌者盯上的可能性微乎其微。這是最上乘的自我防衛，而且小至六、七歲的孩子都學得來。麥可・麥曼尼斯的父親教他的招數，則是用堅定自信的話回應戈曼的拳頭。

就第四層次而言，合氣道不僅相當實用，而且立意良善。「合氣道的藝術在於使兩人或多人之間的互動變得和諧，體現植芝盛平大師秉持的習武精神，將東方同時也是西方最高尚的道德情操化爲積極有活力的行爲模式。換句話說，這種和諧的互動讓霸凌者、被霸凌者及旁觀者三方都受惠。如同作者在書末所言：「如果學生接受也認同這項武藝的根本原則（修復、和解、圓融），他會努力在行爲上符合這些原則，試著運用這些武術拳法化解暴力，而非製造暴力。如此一來，他既能達到防身的目的，也能修復由另一個人一時的道德失衡所危及的細微而生動的和諧。」

> 心靈純淨的人所秉持的原則是絕對不傷害他人，縱然他們自己曾遭人惡意傷害。憎恨他人，即使你憎恨的是無緣無故傷害你的仇人，只會帶來無止盡的悲哀。
>
> ——古南印度經文，坦米爾聖典《神頌》（*Tirukkural*）32:312-13

【第八章】

從旁觀者轉為見證人

我的信念是，假使我們目睹一樁暴行或錯誤，我們有能力制止卻袖手旁觀，我們就是有罪的共犯。

——〈名叫懷特的男子〉，收錄《神駒黑美人》（*Black Beauty*）

唯一能夠超越少數服從多數的，是人的良知。

——哈波．李（Harper Lee），《梅岡城故事》（*To Kill a Mockingbird*）

假使你的兒女不是霸凌事件的兩大主角——霸凌者或受凌者，他們很可能是這齣戲的配角。你的孩子所影響到的人，不只是那兩位主角，還包括他自己在內。

你可以利用第92頁的「霸凌循環圖」和孩子討論他可能扮演的角色、如何起作用，以及何以如此的原因。從那圖下手，你可以逐步教導孩子怎麼跳脫他扮演的角色，如何在未來反制霸凌或防範霸凌。既然大多數的霸凌行徑都是在大人的「視線之外」發生的，所以孩子最好的護身符，是明明白白地讓霸凌者知道，找上他們不會有好結果，而且欺負弱小的惡行是法理不容的。

要是你的孩子是霸凌者的跟隨者，他雖然沒有帶頭滋事，仍參了一腳，你也可以利用感化霸凌者的那七大方法來感化他（參見頁131）。

此外，你也要跟孩子聊聊，怎麼避免被強悍的同學使喚、擺佈。這涉及兩個步驟，一是想出一些因應的對策，其次是跟不好此道的同學做朋友。

十歲的大衛和一夥男生把九歲的路易斯壓倒在地，輪流踹他。大衛的朋友彼德見狀後試圖把大衛拉開，但是沒有成功，他隨即通報老師。大衛的母親得知後，一方面為兒子的行爲難過，另一方面不解兒子爲什麼沒辦法像彼德那樣明辨是非、見義勇爲。大衛說他是一時失去理智才會動手打人、甚而大罵彼德是「抓耙子」，但事後很後悔，眞心想改過。

大衛的母親利用七大方法幫助大衛了解他之所以會加入霸凌行徑的原因。大衛也向彼德道歉，並感謝他曾試著拉自己一把。之後大衛邀請路易斯和彼德來家中作客玩耍，年紀稍長的兩人自告奮勇，決定要當路易斯的保鑣（詳細說明見頁172）。

流言蜚語的殺傷力

如果你女兒不是造謠誹謗的人，她可能不願意做到「認錯—改過—和解」三部曲，因爲她不過是嚼舌根跟著人家說八卦而已，儘管如此，她可以：

1. 跟被謠言所傷的人道歉。
2. 跟她告知的每個人澄清那謠言是假的。
3. 要那些人別再把謠言傳出去。
4. 要那些人讓大家知道，她散播過謠言，但現在已經封口。
5. 盡力地彌補傷害。
6. 和被謠言所中傷的人一起療傷止痛——邀請對方吃飯、騎腳踏車、到彼此家過夜。

在這過程中，你要不時鼓勵女兒、支持女兒，因爲她要應付來自各方複雜矛盾的回應：「多謝你告訴我。」「哇，我也把謠言傳出去了，怎麼辦？」「聽著，你不必爲說人閒話道歉，反正那人根本是個孬種。」「誰叫你道歉的？」「你搞什麼？要讓我們難看啊？」「那不過是流言而已，有什麼大不了的？你很無趣耶。」尤其當她要面對被流言所傷的人所傳達出來的憤怒、傷痛和悲傷時，更是需要你的鼓勵與支持。當你女兒走過這整個過程之後，她會懂得流言的殺傷力有多大，要彌補這傷害有多麼難——如果彌補得來的話，而且她會發現，她有能力爲自己所造成的錯誤扛起全責。

一旦你女兒走過來了，你可以跟她談談將來怎麼有效地防堵流言。蘇菲教的「智語」是這樣說的，話在說出來之前必須經過三道關卡，第一道是：這話是事實嗎？若不是事實，就別說。第二道關卡是：有必要說嗎？沒必要也別說。若有必要，第三道關卡是，用良善的方式說。所謂的良善，不是用甜言蜜語把話說得好聽，而是用顧及所有人的尊嚴與價值的方式，婉轉地把該說的話說出來。「金是遜咖。」這句話過不了前兩關。「金似乎不曉得怎麼在那些捉弄她的女生面前有效地捍衛自己。」這句話三關全過，而且打開了另一扇門，可以進一步討論你女兒怎麼幫她。

傾聽女兒說學校裡的霸凌者如何欺負弱小，你可以從中分辨她是不是在一旁觀看但沒有參與其中，還是她認同霸凌者的作法，只是沒有在事發當時公開表態。「蘇珊邀請我到她家過夜，她沒邀請金。大家都知道金是遜咖。蘇珊跟每個人講兩個禮拜前金到珍家過夜的糗事。」——你可以利用這機會和女兒談談流言的殺傷力，鼓勵她替金說公道話而不是冷眼旁觀。「在金背後說她的閒話讓我覺得很不舒服。我們不必喜歡她，但也不能中傷她。」你女兒可以想法子邀請金參加校內的聯誼活動，譬如邀請她一起吃午餐。在中學校園裡，這類的邀請要很有勇氣，因爲那些在金背後說閒話排擠她的女生，很可能不跟你女兒來往。你可以建議女兒找一兩個朋友，加入她防堵流言的陣營，並且一起和金吃午餐。霸凌者可能比任何人都強悍，但他再怎麼悍都比不過一群願意維護公道的見證者。

沒有無辜的旁觀者

如果你兒子冷眼旁觀一群霸凌者毆打一個男生，然後回家來跟你說：「那又不干我的事，我早見慣了，根本不想理。」你可以跟兒子聊聊，沉默可能造成的傷害，不僅是被毆打的孩子受傷，在一旁觀看的他也會有傷害。縱容霸凌行徑或不把霸凌當一回事的旁觀者，都是霸凌者的共犯。有人問維瑟爾：「聖經裡最重要的一條戒律是什麼？」他答道：「見不義不可袖手旁觀。愛的反面不是恨，而是冷漠。冷漠產生邪惡。憎恨是邪惡本身，冷漠讓邪惡滋生力量，變得強大。」你兒子冷眼旁觀，雖然有別於出手傷人的一方，但也需要用感化跟隨者的方法來輔導他，好讓他跳脫旁觀的角色，轉爲見證。

不管是跟隨者還是旁觀者，他們往往會用第四章討論過的九大藉口來包庇霸凌者或推諉責任：

1. 霸凌者是我的朋友。
2. 這不是我的問題！又不是我帶頭打架的！

3. 被打的又不是我的朋友。
4. 他是孬種。
5. 他活該被打，自找苦吃，罪有應得。
6. 遭到霸凌可以把他磨練得更強。
7. 誰想被當成打小報告的或告密者，害別人惹上麻煩。
8. 和大夥同一國，總比替被那個排擠的人說話好。
9. 不想為這種事傷腦筋。

旁觀者會衡量忠於小團體和站在被霸凌者兩邊的利弊得失。你可以解釋給孩子聽，這些藉口如何全面地損害同儕之間的禮節，而且很可能會讓同學們在不知不覺中表現出霸凌者的行徑。人與人相處應有的禮節遭破壞之後，你的孩子也會淪為那無禮的環境所滋養出來的一幫霸凌者的目標。你可以讓孩子知道，你對他有信心，知道他有能力從旁觀者的角色跳脫出來。遏阻霸凌者需要的是很單純的道德感：替弱小的人發聲，不管其他在一旁觀看的人怎麼反應。

走上正途

如果你的孩子是有正義感的人，看不慣霸凌行徑，也想伸出援手，但卻沒有眞的這麼做，你可以思索一下孩子遲疑不前的四個可能原因：

1. 擔心受到傷害。
2. 擔心自己變成霸凌者的新目標。
3. 擔心自己把情況弄得更糟。
4. 不曉得該怎麼做。

你可以從這幾個原因切入，讓孩子坦然地把他的顧慮談開來，這過程很可能就是幫助孩子轉化爲積極見證者——爲同學挺身而出，打抱不平，爲公義發聲，對團體內發生的事負起責任——的契機。和孩子談談他高估了和霸凌者同一陣線的安全感。霸凌者會「利用」同儕，你的兒女會發現，自己之所以站錯邊不外乎擔心霸凌者下回會找上他，況且自己變成「霸凌者一夥的」，碰上的麻煩也絕不亞於霸凌者。

你可以和孩子討論可能採取的行動，從最低風險的到需要最大勇氣的作法一概涵蓋進來：不跟霸凌的一夥人混在一起（不跟他們同桌吃午飯）、私底下支持被欺負的人（「他那樣對你很惡劣，你要不要加入我們？」）、如果霸凌者是他朋友的話，公開或私下找他談一談（「放過他吧，我們去吃點東西吧。」）或站出來護衛被欺負的人，就像下面會提到的史考特・羅素和某位橄欖球隊員的故事。不散播八卦流言、邀請被孤立的同學到家裡過夜、聽到損人的笑話不跟著笑鬧起鬨、對受凌的同學表示關心和善意、告知大人有霸凌發生，以及做一些高風險的事，譬如單槍匹馬或是和一幫人一起站出來反對霸凌等等，很可能只是小小地表達你的心意，但是它所激起的漣漪不容小覷，就像多倫多一項針對市區中小學操場內發生的霸凌情節，所進行的同儕角色分析研究指出，約有百分之十三的學生願意站出來替弱勢發聲，而且往往無畏於團體壓力。

在第六章，我們談過霸凌者如何藉著「保存善念」——「即使背負沉重的壓力」也要說好話、做好事——來學習扮演新角色。幫助你的孩子發展內在的道德，來引導他們說對的話、做對的事，而且要無視於外在眼光，不會忌於可能後果而裹足不前，那麼你的孩子在面對霸凌發生時，就會有勇氣與力量秉持正義公理行事。

第四代日裔美籍的傑出衝突解決專家大久保先生（Derek Okubo），回想三十五年前在學校操場上發生的事。當時他是班上唯一的日本人，有一幫同學老是動手打他，對他口出污言，「你這小日本黃鬼子，滾回日本去。」班上有個名叫史考特・羅素的男生，曾站出來幫他解圍，讓他從這一幫霸凌者手中脫困，並邀請他加入其他同學。史考特當時的作爲就是表現出他的爲人準則。所有的口號（「多元共融，尊重差異」）、威脅（「你霸凌別人就會被留校察看」）、命令（「不要口出惡言」）甚或是黃金法則（「己所不欲，勿施於人」）都比不上他內在的道德聲音影響他深遠。史考特不是一出生就懂得見義勇為，而是從成長過程裡學來的。

遺憾的是，他也不是從操場或課堂上學來的。大久保先生受那幫霸凌者凌辱的前不久，老師曾揪著他的衣領斥道：「笨死了，你這小日本黃鬼子。」當時在上體育課，有個體操動作他就是做不來。他當場嚇得愣在那兒，同學們眼睜睜看著魁武的體育老師羞辱他。這也難怪有些同學會有樣學樣，認爲欺負他沒什麼不妥。令他訝異的是，竟然會有同學站出來挺他，替他發聲。大久保先生跟我談起這段三十五年前的往事時，說那些事深深影響了他一輩子，他永遠忘不了他做不來的那個體操動作，忘不了同學在課堂和操場上辱罵取笑他的話，當然那位伸出援手的男同學也讓他永難忘懷。

分享、關懷、協助、服務

在《教出正直的小孩》一書裡，尼爾・庫山說明了像史考特這樣的孩子如何學會見證：「小孩子不是學會數學、國文、自然之後就會神奇地學會道德、良善和禮節。他們會模仿以身作則的大人，尤其是受有理念有原則、會捍衛自身信念的父母親潛移默化，逐漸長大成爲知情達理、有責任感的人。」當自家內、公衆場合、教室裡或在大街上有不公不義的事情發生，孩子看見我們挺身而出，大聲說話，採取堅定的立場維護公義，非常重要。當父母看重身教甚於言教，以身作則當孩子的好榜樣，孩子會從我們身上學到遏止霸凌的那股強大力量。

我在第四章提過孟克—尼爾森之所以搭救丹麥猶太人的原因：「你就是會這麼做，因爲從小大人就是這麼教你的。」他那社區裡大多數人都樂意挺身相助。但是我們的孩子也必須看到，當左鄰右舍都不願意伸出援手的時候，我們依然願意站出來。二〇〇二年三月二日，在印度的艾哈邁達巴德（Ahmadabad），凡辛・拉索德（Virsing Rathod）義無反顧地站了出來。美聯社的杜芙—布朗（Beth Duff-Brown）寫下了他的英勇事蹟：

> 聽到信回教的鄰居們遭痛毆並被活活燒死的悽慘哀號，凡辛・拉索德做了很多印度人鼓不起勇氣做的事。
>
> 這位高壯的印度人帶著兩個兒子跳上一輛卡車，衝進發狂的印度暴民之中，把身陷火海的回教徒拉上車，直到入夜。
>
> 那晚他救了二十五名回教徒，之後陸續安排數十位回教徒前往艾哈邁達巴德內各處的安全住所避難，而艾哈邁達巴德在這一場回印衝突中幾乎付之一炬，

據估有五百四十四人喪生……有人問凡辛．拉索德認不認為自己是英雄時，他聳聳肩說：「我這樣做是出於人性，我心裡知道這樣做是對的。」

讓我們的孩子看見我們捍衛理念，言行合一，做對的事，是多麼的重要。除了以身作則之外，我們還要營造機會，讓孩子練習如何見證。我們不只是教孩子該怎麼做、不該怎麼做，還要解釋給孩子聽，分享、關懷、協助和服務很重要，給孩子機會身體力行。他們必須知道，我們在乎他們有沒有那樣的心意，也在乎他們有沒有付諸行動。我們可以教他們思考：他們的作爲帶給別人什麼樣的衝擊，並且換個角度從別人的觀點來看事情。一旦孩子可以做到，就會慢慢培養出同理心，能夠設身處地爲他人著想。站在對方的立場來看事情，是孩子能否「保存善念」的關鍵。史考特不僅能夠站在大久保的立場，了解他的心情，也有勇氣做出下一步：「嘿，同學們，讓開，別找他麻煩。」在那當下，史考特選擇做對的事，而不是迎合班上同學。有些孩子可能想要做些什麼，但是抵擋不了從衆的同儕壓力。史考特願意也有能力忍受同學的冷潮熱諷（「他愛上日本鬼子」），因爲他擁有堅強的自我感，而這是他周遭的大人用心培養出來的。

保存善念牽涉到採取立場以及付諸行動。史考特光是了解大久保的痛苦並不夠，他還必須採取行動來減輕大久保的痛苦，即便這樣做會讓朋友疏遠他。「即使揹負沉重的壓力」，史考特依然選擇挺身而出，他的言行至少爲其他同學指出了退出霸凌者陣線的機會和方法，就算他們只是還沒準備好主動出手做對的事。史考特也教了大久保關乎容忍的寶貴一課。「白人小孩」毆打他，但另一個「白人小孩」救了他。大久保心裡對「白人小孩」燃起的熊熊怒火，因爲另一個孩子的善意和勇氣而平息下來。

採取立場和付諸行動都需要勇氣和道德自主性。在《如何教養出道德小孩》（*Bringing Up a Moral Child*）這本發人深省的書裡，心理學家麥可・舒曼（Michael Schulman）和教育心理學家艾娃・梅可勒（Eva Mekler）闡述了培養道德自主性的三個原則：

1. **教導你的孩子，要為自己的行為所帶來的後果負起責任，而且只有他能負責**。能爲自己的行爲負責的孩子比較會實踐個人的道德準則——敢作敢當，不會怪罪別人。
2. **培養孩子做出正確決定的自信心**。對自己的判斷力有信心的孩子，不會輕易地受人操縱，他們不會畏懼獨立地思考，也不會畏懼獨立地行動。
3. **教導孩子如何獨立地推理判斷**。對自己推理判斷能力有信心的孩子比較會提出質疑，不會被動地接受命令。他們能夠自行判斷是非對錯。

此外，作者接著提到霍夫曼博士的一項研究：利他行爲與親子關係。霍夫曼博士發現：「強調所謂的『利他』，意味著『考慮到別人的感受』以及『特地去幫助別人』的父母親，養出來的孩子多半『會關心別的同學如何感受，而且不會去傷害別人的感情』，還『會站出來支持遭其他同學取笑、辱罵的小孩』。」

顯示良善和勇氣的另一種舉動

蘭迪・賓斯達克，求學時期飽受沒被診斷出來的閱讀障礙所苦，與我分享了當年他如何注意到另一位同學的痛苦，願意冒著被其他同學蔑視和抨擊的可能，讓這位少年免於他曾遭受的羞辱。

「老是有人找我碴，從小學一年級到高中畢業都沒停過。唸幼稚園和小學一、二年級那段期間最美好。老師讓我們著色畫畫，我不用開口說話，很棒。慢慢長大後，因爲認字有困難，我經常被嘲笑。老師問我問題時，我就當縮頭烏龜。我以爲這樣老師就看不到我了。但是老師當然看得到，所以同學愛取笑我，常害我出糗。

「唸國中時有一年，幾個男生（一幫霸凌者）盯上了一個人高馬大又大嗓門的男生，名叫馬丁。當我看見他們對他動粗時，我再也忍不住了，幾乎是對著他們惡狠狠地吼。我叫他們住手，說要是他們眞想打人的話就來打我。『這句話打哪冒出來的？』當時我心想，還以爲是別人說的，但確確實實是從我嘴巴冒出來的。結果我被揍得很慘。不過你曉得，這很値得，因爲打從那天起，馬丁和我就沒再挨打。我慢慢克服了打輸架的尷尬，它沒把我擊垮。

「我常教育我的孩子要包容別人，不管那人是聰明、愚笨、肥胖、瘦弱、長得醜或只是不善於溝通，都要包容。這些人都有世上其他人所沒有的優點。我教我的孩子，包容是我們表現愛和尊重的方式。」

蘭迪的作爲打破了被凌辱的小孩是輸家、沒用、自卑或不值得尊重的迷思。的確，實情往往恰恰相反，被欺負的孩子往往會關心別人、有同情心、敏感、有創意，而且會替人著想。

就像史考特看見大久保被羞辱不會袖手旁觀，蘭迪也冒險對馬丁伸出援手。這兩人雖不是做出什麼大作爲，但是英勇無比，讓四個人都深深受惠。

成為見證，救人性命

有位納粹大屠殺的倖存者列出了旁觀者轉爲見證人的三項行動：「給予關注、伸出援手、絕不轉身離開。」一九九六年十月十七日，一位高中橄欖球隊員做到了。三個多月以來，田納西包威爾高中外號「溜冰手」的一幫學生一直恐嚇新生喬許。他們捉弄、嘲笑、追打他，揚言要用鎖鍊和棒球棒將他打死。喬許終於忍無可忍，出手回擊，拿餐盤砸其中一人，心想只要找其中一個還以顏色，這群霸凌者就會收手。他錯了。結果兩人大打出手，喬許失足滑倒在地，昏了過去，對手仍不罷休，踹他頭部好幾下，致使他頭骨碎裂。在場圍觀的學生當中，一位橄欖球隊員從兩桌以外的地方衝了上來，迅速把喬許拖離現場，救了他一命。

如果你的孩子勇敢到站出來對抗霸凌者、護衛被欺負的孩子，你要嘉許他的勇氣，同時也要跟他聊聊他的作爲、他覺得那霸凌者會做何感想、他對自己的行爲又有何感受，以及他可以進一步做些什麼。你也許會想「獎勵」孩子的勇敢舉動，我建議你暫且打住，不妨和孩子討論這勇敢行徑本身的意義，以及孩子從解救受害所得到的強烈滿足感。額外的獎勵事實上可能讓英勇的作爲變得「廉價」。

要是你的孩子可以很自在地跟你談他遇到的好事、壞事和醜事，他大抵會願意讓你知道，他幫被霸凌的同學打抱不平之前內心的矛盾掙扎——同情、害怕、悲傷或憤怒，還有和一幫霸凌者槓上之後的忐忑。你可以告訴他，有這些感受是很正常的，好讓他安心，同時把重點擺在不斷肯定他的勇氣。

有時候，孩子在霸凌現場退到一邊是一種清醒的反制之舉，就像彼德目睹霸凌發生後前去通報大人求助，也像茱莉把瑪瑞迪威脅梅涵當衆脫褲子的眞相告知母親一樣。馬克吐溫的小說《頑童流浪記》裡，主角哈克爲救人一命也同樣做出了清醒的反制之舉。書裡有段情節是這樣的，哈克獨自坐著，手拿著一封自己寫的信，信中交代了他曾經協助逃脫一位名叫吉姆的黑奴的下落。他內心掙扎著，一方面很同情吉姆，想到萬一吉姆因爲這封告發信而再度被抓，心裡感到很罪惡，但另一方面又擔心自己違反法律，犯下滔天大罪——州和教會嚴令禁止人民幫助黑奴逃脫。最後哈克撕毀手中的信，對自己說：「管他的，我豁出去了。」

告知大人有霸凌情事發生也是英勇的作爲。你可以教孩子分辨告知和告密的差別（見頁160）。孩子明白了那些基本原則之後，你仍要不時地提醒他們，有任何的憂慮或擔心都可以找你聊聊：「我已經說過好幾遍，但我還是要繼續提醒你，要是你遭到霸凌，或是知道有人被霸凌，一定要跟你信任的大人說。」

在《找回尊重》（*Steps to Respect*）裡——非營利組織兒童委員會（Committee for Children）所擬的一套防治霸凌方案，作者教導小學生如何辨認霸凌（這種事公平嗎？它給你什麼感覺？它經常發生嗎？）、拒絕霸凌（對霸凌行爲說不）以及告知大人有霸凌發生——任何時候只要發覺有霸凌發生，就可以通報大人；當你發現「有人處在危險狀況、有人觸摸身體私密部位或曝露私密部位、或拒絕霸凌沒成功」，務必要告知大人——這三個「務必通報」的情況及辨認霸凌的基本原則，孩子很容易就可以記住。當父母的可以虛擬情境讓孩子角色扮演，練習如何當見證人——辨認、拒絕和告知。你不僅在教孩子重視你所在意的，也是幫助他在擔當如此重要的角色時該如何說話與行動。亞里斯多德用一句話總括品德教育的根本：「美德是一種習性。」

孩子必須相信，你會嚴肅地看待他所透露的訊息，而且會保密（不會讓霸凌者知道你的消息來源），不過他們也要知道，你不會默不吭聲。知道的人愈是默不吭聲，霸凌者愈是囂張。孩子必須相信，告知大人就會讓事情好轉。一旦孩子知會你，你要跟他談談他可以怎麼做，而你又打算怎麼做。倘若兒子求你不要插手，聽聽他擔心的是什麼，同時也讓他知道，若不有所行動，你擔心會有什麼後果，並且一起想想你們可以怎麼做。記得，當霸凌發生時，坐視不管絕不是選項。

年幼的孩子比較會告知大人，因爲他們相信大人有辦法阻止霸凌，也會設法阻止，不過，高年級的學生或十幾歲的孩子就不是如此了。除了這些孩子往往認爲大人會置之不理，或認爲大人插手只會愈弄愈糟之外，青少年總希望在大人不干預的情況下，證明自己有一套處事方法，可以獨當一面。然而，高中校園裡霸凌行徑往往更是兇狠惡劣，對所有牽涉其中的人帶來不堪設想的後果，大人適當的介入很有必要，而且通常可以適時遏阻嚴重的霸凌行徑。

科倫拜高中發生槍擊事件的幾天之後，田納西州納許維爾市的一群學生架設了一個網站：www.iwillpledge.nashville.com，邀請世界各地的學生聯署支持以下的訴求：

身為學校和社區的一員，我願意：

‧誓言反對校園暴力
‧不欺侮他人
‧鼓勵別人也這麼做
‧更體貼別人，盡我的力量讓我的社區更安全
‧關懷別人，以身作則
‧不爆粗口
‧不做出傷害人的言行……

……我願意加入反校園暴力聯盟陣線。

這些孩子願意率先站出來，號召全球學子宣誓，因爲他們知道，只要他們挺身而出，其他人會跟進，他們也知道，縱使沒有人跟著響應，他們也會繼續做對的事。

膽小懦弱的人問：這樣安全嗎？
貪圖私利的人問：這是權謀算計嗎？

愛慕虛榮的人問：這樣受歡迎嗎？
但良知問的是：這是正義嗎？
而今是我們挺身而出的時候了，這樣做既不安全、沒有權謀算計、也不受歡迎，但我們必須這麼做，因為這是正義。

——馬丁・路德・金恩

【第九章】

關懷的校園、熱心的社區

校園霸凌／受凌的問題確實關乎我們的基本價值和原則。長久以來我一直主張，孩童在校園裡感到安全，免於遭受霸凌者反覆、蓄意的羞辱和壓迫，是他們基本的民主權利。學生不該害怕被騷擾或侮辱而不敢上學，而父母也不該擔心孩子會不會碰上這種事。

——歐維斯博士，《學校霸凌的本質：一個跨國際的觀點》（*The Nature of School Bullying A Cross- National Perspective*）

大多數霸凌事件都發生在校園內，做父母的都想知道，校方採取了哪些作爲來維護學生安全。校園霸凌研究權威歐維斯博士（Olweus@psych.uib.no），提出了一套非常成功的防治方案，證實能夠大幅降低校園霸凌的發生。這項方案奠基於四項關鍵原則，目的是爲了打造優質的校園環境（理想上來說還包括家庭環境），特色如下：

1. 來自大人的溫暖、關注及參與。

2. 對於學生不當的行爲有明確的規範。

3. 假使學生違反規範和規定，以毫無敵意、非體罰的方式一貫地處置（感化管教而非懲罰）

4. 家庭和學校裡的大人建立威嚴而開明的（非獨斷的）親子、師生關係或教養方式（骨幹家庭而非磚牆家庭）

這四項原則可以轉化爲個人層次、全班層次及全校層次的無數種作爲。在〈校園霸凌及其防治對身心之影響〉（《校園同儕騷擾》）一文裡，研究者雷格拜（Ken Rigby）列舉出健全有效的反霸凌政策常見的要素：

1. 學校提出反霸凌白皮書，展現堅定而積極的決心，促進正面的同儕關係，尤其是防範校園內任何成員以任何形式去霸凌和騷擾。

2. 簡單扼要地定義霸凌或同儕欺壓，並舉出明確的案例來說明。

3. 聲明校內的每個個人及團體——學生、老師、校職員工及家長——均有免於遭受凌辱的權益。

4. 聲明目睹同儕受凌的人有責任尋求管道、加以制止。

5. 鼓勵對霸凌有任何疑慮的學生及家長找校方人員諮詢。

6. 校方對於如何防範霸凌／遭受霸凌有一般性的說明。
7. 擬定計畫、評估防治政策是否落實。

跟孩子的學校索取一份反霸凌政策，看看內容是否符合歐維斯博士的四項原則，是否涵蓋雷格拜的七項要素。你終究要確認，孩子的學校有一套條理分明、貫徹落實且廣泛宣導的反霸凌政策。除此之外，你也要確認它包含程序和方案，以輔助該政策的執行，並打造出安全而溫暖的校園環境。制定一套政策是一回事，政策不會淪爲口號是另一回事。這些政策、程序和方案的擬定與實行，有賴該校園的文化氛圍和社會環境，其成效也會在其中反映出來。

由非營利組織兒童委員會（www.cfchildren.org）所研擬、深受好評的「找回尊重」（Steps to Pespect）計畫，即包含了政策、程序和方案這三部分。該計畫以歐維斯博士的概念爲架構，廣泛爲美加地區的小學所採用。這是一套預防性的措施，目的不僅是要降低霸凌，同時也要協助學生發展出更爲友善互助的關係。它教導學生因應霸凌的技巧，包括辨識霸凌、運用自信的言行拒絕霸凌，以及向師長通報。而且也是少數幾個論及旁觀者這關鍵角色，強調全校每個成員都有責任降低霸凌事件的計畫之一。它教導學生同理被霸凌者，也強調大人扮演著決定性的角色：「霸凌嚴重地破壞校園內學生之間、工作場所內成人之間及家庭內成員之間的關係。學校環境提供老師機會去開導孩子霸凌是錯的，以及同學之間正面互動的方式爲何。透過課堂內的教學和課堂外的活動，師長可以向孩童展現，一個關懷別人、尊重別人、有責任感的公民應有的風範。」「找回尊重」計畫根據歐維斯博士及霸凌領域專家經科學研究證實有效的預防策略，建議了下列幾個全校性的最佳措施：

1.直接從學生身上搜集校內霸凌的訊息。首先，提高師生和家長對霸凌的覺察力，這包括他們對何謂霸凌及三種霸凌形式（言語、肢體和人際關係）的認識，並且了解學生可能或實際上扮演的角色（見頁92的霸凌循環圖）。其次，以匿名的方式對學生、老師和家長進行問卷調查，了解校內同儕關係的品質和特質。若是學生反映出來的霸凌情事比家長或老師猜想的還來得多，不必訝異。再者，詢問學生「大人該怎麼做他們才會感到安心」也很有必要。

2.建立明確的校規和班規來遏止霸凌。孩子需要知道該遵守哪些規定，以及這些規定會如何實行。參與霸凌的學生藉由認錯、改過、和解三步驟得到建設性的教訓很重要。此外校方也必須另有備案，以因應萬一這些作法沒奏效、霸凌者依然故我的情況。這備案可能包括轉班、轉學或轉介到其他機構，譬如中途學校、心理衛生機構或警方。除了校規之外，校方也要強力營造反霸凌的校園常規，透過各種方案來宣導如何預防、指認和打擊霸凌。

3. **訓練校內所有的大人敏銳而一貫地回應霸凌事件**。受欺凌的孩子會想確認自己受到支持和保護，並確認大人會負起責任保護所有學生的安全。師長要教育孩子體察社會的多元性，培養孩子包容心，並且以身作則，表現出正面、尊重和支持的作爲；絕不拿「小孩子都很皮嘛」、「那要怪他自己，他自找的」、「那不過是小孩子打打鬧鬧而已」這些說詞來息事寧人。

4. **加強大人在場督導，尤其是秩序鬆散的區域，譬如操場和餐廳**。學生希望校園的每個角落和校車上都有比較有威嚴的老師在場。維護校園安全最有效的策略之一，就是安排會管事的大人在場坐鎮。

5. **提升家長對問題的覺察力，鼓勵家長參與解決問題**。當父母的要做孩子的榜樣，表現正面、尊重和支持的行爲；幫助孩子建立堅強的自我感；教他們怎麼交朋友、怎麼打入團體。你可以教孩子用正面、尊重的方式和別人相處；教孩子要有自信；教孩子看見不公不義時要站出來聲援弱勢。
你可以自願參加學校的導護工作，和其他老師一起確認防治措施有沒有落實，護衛孩子的權益。
你也可以遊說學校董事或董事會投入充裕的資金，額外聘請導護人員，擴充校園安全措施與服務，貫徹教育部或縣市教育局明定的防治政策和規章。教育經費大幅縮減已經嚴重損害學生安全。訓導人力不足、校園監視器不足等都在在影響校園安全。

假使你的孩子霸凌別人或遭受霸凌，或是你得知校方尚未知情的某樁霸凌事件，找出可能的管道和學校進行溝通——電話、信件等，以及可行的程序。

孩子沒辦法靠自己的力量遏阻他所遭遇或目睹的霸凌行徑，他們需要家裡、學校和社區裡的大人幫忙，來打破暴力的循環。

我為了撰寫這本書進行研究時，發現美加地區沒有任何一所國高中有如此完備的反霸凌措施。以下的兩個少年暴力防治方案是我從研究中找到的，兩者都經學校採行而且驗證有效。

1.「安然無憂的少年歲月：一生受用的暴力防治方案」（www.safeteen.ca），由溫哥華的安妮塔・羅勃茲（Anita Roberts）設計，對問題和防範方法有深入的解析，譬如：

- 如何幫助學生找到內在力量，建立健康的同儕關係。
- 建立人我界線、尊重人我界線的重要。
- 如何因應霸凌行徑和性騷擾。

● 包容差異，理解種族偏見、性別偏見和歧視同性戀的根源。
● 遇上和人身安全、毒品和酒類相關的問題時，如何聰明選擇。

羅勃茲著有《安然無憂的少年歲月：向暴力說不》（*Safe Teen: Powerful Alternative to Violence*）一書，適合十幾歲的孩子及家長們閱讀，書中談到了因應同儕壓力、降低暴力和發展堅強自我感的方法。

2.「個我責任和社會責任」及「駕馭憤怒」，這是兩部分的系列方案，由新墨西哥州拉魯茲市情緒管理技巧發展中心（the Institute for Affective Skills Development of Laluz）的康斯坦思・丹布洛斯基（Constance Dembrosky）專爲國、高中生設計的。內容包括：

● 培養自制力。
● 如何在採取行動前洞悉後果。
● 了解學生的行動對他人帶來的衝擊。
● 如何了解學生需求，同時顧及學生和他人的尊嚴。
● 駕馭憤怒。

●和平地化解衝突。

這兩部分的內容可以單獨進行，也可以當成系列課程，而且附有爲父母親設計的訓練教材。

身爲父母親的你也可以主動參與學校針對防治方案的研討，爲營造優質校園氣氛，減少校園暴力盡一分力量。

每一所學校都有霸凌發生。你會希望孩子唸的學校事先做好防範，能夠迅速、確實、一貫地因應各種形式的霸凌。教育者要提高警覺，正視大大小小的霸凌行徑。假使你孩子的學校沒有一套健全完善的反霸凌政策，你會發現你和霍斯的母親處境相仿。

小名叫霍斯的豪沃德五歲大時被幼稚園裡一群男生欺負。這幫男生最愛拿他的小名編順口溜嘲笑他，老師打電話給霍斯的母親，建議大人不妨改口用本名稱呼他。霍斯的母親難以認同，反駁老師說：「有必要嗎?用本名，那些男生就想不出其他的話來嘲笑了嗎？」比較好的作法是直接處置那些欺負霍斯的男生，不過一般常見的，是把這情況視爲受凌者單方面的問題來處理。被霸凌者往往得不到同班同學或大人的同情。你也許要一而再地向校方堅持，處理霸凌事件必須正視問題的源頭——霸凌者。當然有時候你也要幫孩子改善會破壞人際關係的一些行爲，不過話說回來，縱使孩子行爲不妥，也不該被凌辱欺負。如果你不同意老師提出的解決辦法，或對老師的毫無行動有所疑慮，你可以找老師的上司或校長談一談。蘇菲的母親就這麼做了。

十二歲的蘇菲有聽力障礙，同學們常背著老師欺負她。蘇菲終於忍無可忍，告知母親。於是母女倆約老師洽談，當蘇菲跟老師細說自己被欺負的情形時，母親就在一旁支持她。老師很同情蘇珊，聽完之後卻聳聳肩說：「這個年紀的女生就是這樣。」更糟的是，她開始一一列舉蘇珊會招惹同學的行爲，下結論說，假使蘇珊表現得不像隻軟腳蝦就不會被欺負了。幸好蘇珊的母親並沒有就此打住。她向那老師表明，她認爲霸凌不是正常行爲，不管是她女兒或任何人都不該忍受如此惡意的對待。接下來，蘇菲的母親進一步找校長和老師一起協商。校長同意蘇菲母親的看法，迅速地介入處置霸凌者一夥，支持蘇菲，並要求那位老師參加「如何有效處理校園霸凌」的輔導知能研習。

零容忍可能等同零思考

另一個極端狀況是，美國五十州和加拿大大多數的省份及三個地區，均採取零容忍的政策來因應校園霸凌、其他形式的暴力、攜帶槍械及吸毒問題。這政策立意良善，但採行的卻是一體適用的單一程序（也就是強制性的留校察看或休、退學），結果各學區均實施同一套標準，缺乏因地制宜的彈性，而且嚴苛又不合常理。這種「全有或全無」的作法，傳遞給教育行政者一個訊息：「你別無選擇！」使得學校不顧後果地採取懲罰性的處置，這種霹靂手段不僅透露出「深惡痛絕，必除之而後快」的意味，家長和校方之間也因爲處置的公平與否，引發愈來愈多的爭端，甚而告上法庭。一些零容忍的案例包括：

- 小一學生拿雞柳條當槍指向同學而遭到休學三天的處分。
- 兩名八歲學生在班上揮舞紙槍而被逮捕，並控以「製造恐怖威脅」。
- 一名十三歲的男學生遭學校開除，因為同學在垃圾桶裡找到他列的敵人名單並呈交給老師。
- 十一歲的女學生因為便當裡有一把切雞肉用的塑膠餐刀，被移送法辦。
- 十歲的女生主動交出便當袋裡的小刀之後，校方以「持有致命武器」為由施以懲處。她錯把母親的便當袋帶到學校，小刀是切蘋果用的。老師感謝她做了對的事；校長「依法行事」，立即處以留校察看。
- 六歲大男生在家裡洗澡時發現校車來了，於是衝出浴室要校車司機等他，最後被控「性騷擾」。
- 十六歲的男學生在週記裡寫道，他要報復那些天天欺負他、在肢體上騷擾他的人，結果被學校開除。

二〇〇一年三月，美國律師公會發表了一項聲明，反對這種零容忍政策，稱它是「以固定的一套作法來解決學校面臨的所有問題，把學生當罪犯看待，造成不幸的後果。」以零容忍的態度來面對霸凌是好事，沒有人希望自己的孩子在學校遭受霸凌。但我們需要的是能夠讓政策的美意眞正落實，讓教育行政者有機會仔細斟酌，愼重地做出公正、符合常理的裁決，而不是學生一有不軌行爲，便處以最重的處分。

加州聖馬柯斯市聖馬柯斯高中，有位學生在上課講義的背面列出平常欺負他的同學。遭點名的學生當中，好幾位的家長堅持要校長出面處理。校長法蘭斯・魏茲果眞應家長要求著手介入，但作法讓他們跌破眼鏡。魏茲校長進行了一項調查，要求遭點名的人說明自己對那位同學做了什麼。接著她跟全班宣佈，這事件人人都有份——不只霸凌者和跟隨者，跟著起鬨乃至於袖手旁觀的人，全都脫不了關係，當然也包括受凌的當事人。當地報紙節錄校長的一番言論：「有鑒於鄰近學區所發生的事，聖馬柯斯高中採取零容忍的立場來應付霸凌。全校上下——老師、職員、學生和家長——都淸楚知道，每個人都要對從言語騷擾到肢體攻擊等校內任何霸凌事件負起責任。」（《聖地牙哥論壇報》，二〇〇一年四月十四日）聖馬柯斯高中有一套零容忍的反霸凌政策，以及一位有決心的校長，她願意貫徹到底，爲所有學生創造安全的學習環境。其零容忍政策有完善的配套程序，所以校方可以據此仔細斟酌，愼重地做出公正、符合常理的判斷和處置。學生必須爲自己的行爲負責，若有違法，就要接受管教和處分，而這些管教和處分，如歐維斯博士建議的：「毫無敵意，不施以體罰。」

魏茲校長口中的鄰近學區指的是加州桑堤，幾個禮拜前，有個男學生長期受同學欺負，由於老師坐視不管、同儕無人聞問，滿心怨恨的他出手報復，結果殺害了兩名同學，傷及十三名學生和幾位大人。美加其他學區，還有很多孩子因爲不堪長期受凌虐，痛苦無人能訴、無從宣洩，最後選擇輕生。馬爾和菲爾德在《受凌自殺》一書裡把矛頭指向那些不似魏茲校長般嚴正地採取積極作爲的教育行政者：「每一樁受凌自殺的事件，都是令人痛心的悲劇，這些孩子的死，無不是另一個孩子蓄意作爲所造成的結果。而該負責任的大人，疏於在孩子所處的環境裡建立完善的通報、介入和處置機制，有效地因應肢體暴力及精神暴力的問題，難辭其咎。『我們不知道有這種事』或『我們不了解』的說詞都是令人無法接受的。」

學校氣氛和文化

除了反霸凌政策和程序之外，你也要了解孩子的學校有沒有改善校園氣氛和文化的相關方案。

大多數的教育者都想「做對的事」，以阻止傷害發生，美國教育部民權司（U.S. Department of Education's Office for Civil Right）副助理部長亞瑟・寇曼（Arthur Coleman）這麼說。寇曼是擬定「保護學生免於騷擾和仇恨犯罪：校園指南」（Protecting Students from Harassment and Hate Crine：A Guide for School）的成員之一。這本指南強調，學校需要有全面性的措施，譬如制定反騷擾政策白皮書及正式的申訴政策。爲了「課程發展與督導協會」（ASCD, Association for Supervision and Curriculum Development）一九九九年秋季最新課程綱領接受採訪時，這本指南的作者群說道：「我們希望幫助教育者找到一些預防性的策略，好讓他們做好第一線的防範工作，避免不可挽回的悲劇發生。」他們也說：「反騷擾政策白皮書和學生申訴程序無法防範或遏止騷擾的發生。」在同一份的最新課程裡，加州大學教育學教授泰倫斯・狄歐（Terrence Deal）和厄文・梅爾保（Irving R. Melbo）也持相同看法：「這些政策、程序、法條和規章的制定和公佈，往往流於形式化，沒有眞正貫徹落實。學校該做的，是拿出魄力，劍及履及，把『這就是我們的行事風格』化爲全校師生的共識。」

由賽斯金和山布林作詞作曲，彼得、保羅和瑪莉唱紅的「別取笑我」，是備受好評的「尊重行動」計畫（www.dontlaugh.org）訴求的主題。發起人兼執行長彼得・葉若（Peter Yarrow）呼籲大家關懷弱勢，歡迎有心打造「一個安全而關懷的校園環境，好讓孩童以尊重來對待彼此」的學校自由參加。隨著活動發送的計畫綱領裡，葉若重申凝聚「這就是我們的行事風格」的共識的必要：「讓我們別再只是亡羊補牢，別等到活潑、開朗、可塑性強的孩子變得冷酷無情才有所行動。我們必須以同等的熱情正視所有孩子的需求，而不只是關注那些讓人頭痛、對自己和別人可能帶來危險的孩子。讓我們採取前瞻性的作法，共同把我們的下一代培育成身心健全、有愛心、有自信、對社會有用處的人。」

在《和平使者》（*Peacemaker*）一書裡，兩位作者強森（Roger and David Johnson）談到了教養出健全孩子的重要，強調大人在注重孩子的課業之餘，也要關心孩子社會面和情緒面的發展：「雖然學校教育的重點在於數學、國文、社會和自然等正式課程，也許對學生來說，最重要的是學習怎麼跟他人，乃至於整個世界良好的互動，和平相處。」身爲父母親的你可以積極參與學校活動，協助凝聚「這就是我們的行事風格」的共識，不管在家、在學校或社區，以「同等的熱情」正視所有孩子的需求，幫助他們學習「和他人良好的互動，和平相處」。你可以自願加入校內的導護工作，參加家長會及師生聯誼會，甚而參與校內社團活動。別忘了，有效遏止霸凌的關鍵是：「給予關注、伸出援手，絕不轉身離開。」

校方有計畫地防範和處置，可以大幅降低霸凌的發生及其後續對於個別孩童、校園及社區的負面衝擊。研究也顯示，師生和家長合力營造出具有團隊精神——有著共同目標的一群人爲彼此和整體熱情奉獻的精神——的校園氣氛，最能防止霸凌，因爲在這氣氛底下，所有的孩子都相信自己有價值、有能力、應該熱心服務，並且可以和平地解決衝突。然而，在國高中的校園裡，形成富有團隊精神的校園文化，會碰上一大障礙，那就是學生之間會結黨拉派，形成小圈圈。

結黨拉派

在電影「早餐俱樂部」（The Breakfast Club）裡，五個在階級分明的學校裡各自犯下不同「罪行」的高中生，被迫在星期六留校察看一天，還得在當天交出一篇悔過書。這幾個個性迥異的學生經過一整天的相處，從一開始的摩擦不斷，到最後卸下武裝的外表，才發現彼此沒有什麼不同：大家在「冷酷」的外表下都有一顆關懷別人的心。最後，當中一人代表五人寫下一篇心聲，交給副校長，對校內階級分明的現象提出質疑：

親愛的伯納德先生：

我們接受星期六一整天留校察看的處分。我們觸犯校規，的確有錯，但我們覺得你要求我們寫悔過書，腦袋大概也不太正常。你在乎什麼呢？你用既定的眼光看我們，用最簡單省事的方式定義我們。在你眼裡，我們這五個人，一個傻頭傻腦、一個四肢發達、一個神經兮兮、一個嬌生慣養，一個作惡多端，對吧？今天早上七點鐘我們見到彼此時，也是這麼看待對方。我們早被洗腦了。但是一整天相處下來，我們發現，我們每個人都傻頭傻腦、四肢發達、神經兮兮、嬌生慣養而且作惡多端。不曉得您認為這樣的反省算不算悔過？

早餐俱樂部敬上

在《槍響之後：打造免於恐懼、樂在學習的校園》（*Nobody Left to Hate: Teaching Compassion After Columbine*）一書裡，作者艾略特・艾倫森（Elliot Aronson）寫道，國高中校園裡結黨拉派的這個有害的氣氛，是校園暴力的根源之一：

學生結黨拉派形成小圈圈，排擠、羞辱圈外人的校園氣氛，使得有些學生變得非常弱勢。據我估計，這些學生裡約有百分之三十至四十是非常、非常不快樂的。一旦金字塔頂端的孩子開始嘲笑某個同學是笨蛋，那麼下層的孩子就會去認同上層有權勢的一群，開始捉弄被嘲笑的人。沒多久你就會發現，每個人都在戲弄「那個笨蛋」。校園裡每個學生都知道誰跟誰一黨，誰跟誰一夥，他們都曉得往哪邊靠攏才不會被欺負。

我們可以很合理而清楚地看出，校園槍擊事件的一大根源，是有害的校園氣氛，其忽視或縱容校園內欺凌、排擠或言語攻擊的行徑，使得為數眾多的學生都蒙受威脅。學校忽視同理心、包容心和同情心的價值，或更糟的，師長們只是夸夸其談，卻從未以具體有效的行動發揚這些價值，如此的校園氛圍，不僅對「輸家」不利，對「贏家」也很不公平。

在科倫拜高中槍殺同學後自殺的艾瑞克和迪蘭，曾經寫下他們對校內階級的不滿，對受歡迎的體育選手在學校裡得到明星般待遇表示抗議。槍擊事件發生後，校內的其他學生也表明了相同的困擾：學生之間結黨拉派，劃分階級，校方卻姑息縱容，坐視不管。早餐俱樂部裡的五個高中生立下了典範，讓家世背景不同的孩子開始學習接納彼此的差異，把每個人看成獨特的個體，各有各的天賦、才華和缺點，可以爲團體盡一份力量——但也讓他們開始成群結夥，一起動腦筋作怪。

背景迥異、興趣不同的孩子愈有機會打成一片，愈不會形成小圈圈去排擠、嘲笑比他們「低下」的人。校園和社區裡的師長和大人愈是——運用所有的權力——一視同仁地對待每位學生，不偏愛或看重某群學生，那麼，表現出色的學生就不會有「我可以欺壓不如我『優秀』的人」的想法。我知道，要顛覆國高中校園內學生之間的階級劃分不是簡單的事，但我同意艾倫森的觀點：要打擊霸凌，就要剷除它的根源，而校園內這種有高低階級之分的小圈圈，就是根源之一。教育者制訂反霸凌政策的同時，卻又默許階級劃分和特權的存在，縱容有害的社會環境，任它反過來造成不義、壓迫和羞辱，這樣等於是不經意地成爲幫兇，加深被壓制在底層的人的痛苦。

遭到霸凌之後

不論是孩子直接告訴你他遭受霸凌，或孩子的知交的父母向你透露，又或是你從孩子掉在車後座的紙條得知這種不堪的事，你跟孩子談過以後，一定想要通知老師。你可以採取下列五個步驟：

1. 安排一場會晤，找孩子和你一起跟某個適當的校方人員談一談。如果學校有妥切的反霸凌政策和程序，應該會指派訓練有素、專門負責的人有效地著手介入。讓你那遭受霸凌的孩子參與解決過程很重要。要是大人把責任全攬在身上，把遭受霸凌的孩子晾在一邊，孩子更會覺得無力。要是你的孩子是十幾歲的青少年，你可以讓他主導這頭一次的會談，你在旁支持他即可。

2. 帶著以書面形式呈現的事實資料前去，包括事發日期、時間、相關人和細節，同時也把霸凌對孩子造成的衝擊，以及孩子如何設法抵抗卻沒奏效的經過寫進去（事先把事情經過寫下來，可以幫助你和孩子把光靠記憶來陳述可能會遺漏的事實呈現出來，也可以讓你倆在會晤過程中不過度情緒化）。

3. 和孩子及校方人員想出一個計畫內容要包括：如何解決孩子目前的不安全感、如何避免再次遭受霸凌、將來若再遇到霸凌時如何捍衛自己，以及孩子可以找誰求助。這計畫也必須談到大人如何採取行動、保護孩子和可能的被霸凌對象的安全，並防範進一步的霸凌發生。

4. 了解霸凌者可能要面對的處置，以及學校希望從霸凌者的家長那裡獲得什麼樣的支持。此時，你們可以討論孩子和霸凌者在將來某一天會面的可能，以便進行管教感化的第三步——和解。就目前來說，談這一步可能言之過早，不過你可以讓校方知道，你認爲霸凌者（霸凌者們）走過前兩步驟之後，雙方要眞的療傷止痛，這一步很重要。此外，安排時間和校方人員追踪計畫落實的情況。

5. 如果校方沒有充分地正視問題，你可以表達關切，讓老師和／或行政人員知道，你下一步會找縣市教育局反映，有必要的話——尤其是孩子若是被嚴重虐待、遭種族歧視或性凌虐——會向警察局報案學校負有保護學生的責任，校方失職時理應受到責罰。

是否轉班轉校

你的孩子有權在免於恐懼和騷擾的環境下受教。若是他長期受凌，很可能需要大量的支持。他可能飽受驚嚇、身心受創、擔心霸凌者再盯上他、極度悲傷，而且擺明了就是不願意相信欺負他的同學（或一幫同學）。他可能很憤怒，有報復的念頭。要幫他走出傷痛，你要給他一個安全無虞的環境，讓他時時處在慈悲、善良、溫和和包容的氣氛裡。這環境最好也包括學校在內：師長嚴肅地對待霸凌事件，認眞傾聽他訴說，有效地回應，而霸凌者受到公正的處分和管教，同儕也尊重而友善地對待他。

我不會極力主張將被霸凌的學生轉班或轉校，以避開霸凌者。這樣做有兩個結果：一是霸凌者繼續在原來的班級作惡，二來，被霸凌者——沒有得到適當的支持和輔導——可能變得更脆弱，甚而在轉到新學校後成爲更弱勢的目標對象。不過，有時候遭受霸凌的孩子在得到適當支持和輔導之後，轉班或轉校反倒是最好的安排。第三章提過的瑞秋就是一例，在長達五年半的受凌之後，轉到新學校的她如獲新生，覺得自己終於「被當人對待」。我同意《敎養的迷思》（*The Nurture Assumption*）的作者茱蒂・哈里斯（Judith Rich Harris）的看法，她說：「如果我的孩子落於班上階級的底層，在他之上的所有人都踐踏他，我會把他轉走。受害者之所以會受害，是因爲大家認爲他很好欺負，要改變同儕團體的這種想法極其困難。轉學對孩子來說通常很不利，因爲會失去同儕團體和他在其中的地位，不過，若是他的同儕讓他過得很悲慘，在團體裡毫無地位可言，他沒什麼好損失。」

決定孩子是否要轉班或轉學並不容易。雷格拜提出的有效反霸凌政策七大要素及「找回尊重」的五項措施，可以幫助你判斷孩子是否要留在原來的學校裡。考慮這些要素和措施之外，再參酌你對孩子的了解及他個人的想法，你可以做出最好的決定。走避解決不了問題，但是換到一個更溫暖關懷的班級或學校就讀，有時候確實是良策。

家有霸凌者時

假使你的孩子在學校欺負別人，他是帶頭的還是跟班？接到學校打來的電話你也許很傷心、氣憤、沮喪或失望，但是你務必仔細聆聽，絕對不要小看這件事，別把它合理化，也別替它找藉口，這很重要，「想必是挨打的人自己招惹來的吧。」「大家都這樣嘲笑來嘲笑去的，你們幹嘛只怪我兒子？」、「他不過是鬧著玩而已。」「我跟他爸要離婚，他會那樣不是他的錯。」要得出最有建設性的結果，美國學校心理輔導老師協會（the National Association of School Psychologists）的泰德・芬伯格（Ted Feinburg）建議：

1. 試著放下防備心，聽聽校方所關切的重點。

2. 詢問事情的來龍去脈，試著不要情緒性地反應
3. 詢問學校採取了什麼行動解決問題。
4. 問孩子發生了什麼事（見第六章）。
5. 如果校方安排會面解決問題，一定要先了解會議的主旨和議程。寫下你對校方會如何處置孩子的疑慮。
6. 要是孩子在家的行爲表現不像會欺負人，又或有哪種管教方法奏效過，務必告知學校當局。
7. 和校方合作，共同解決問題。讓校方知道你和他們站在一起，而且要信任學校是跟你同一陣線。

要是你設法替孩子解圍，或怪罪對方的不是，可能會損害建設性的溝通，使得學校人員對你充滿戒心。這麼一來你也等於在告訴兒子，你認可他的霸凌者行徑。要是學校對你孩子施以懲罰（留校察看）而不是管教，你可以運用第六章（頁131）的作法，來替兒子和被欺負的同學陳情。

你兒子可能還是被處以留校察看，但校方可以建設性地利用留校察看讓他彌補錯誤（認錯道歉）、了解如何不再犯（決心改過），並擬一套計畫來跟遭受霸凌的同學一起走

過傷痛（和解）。身為教育者，我很歡迎家長參與解決，提出意見，也很願意聆聽來自和孩子朝夕相處的老師們的建言。

你可以跟學校談談你要如何運用七個方法來幫忙孩子，也可以對老師們提出建議。比如說，你兒子可以讀故事給二年級的學生聽或在圖書館當義工，藉此「做好事」。

當霸凌者變成罪犯

假使你十幾歲的孩子霸凌別人，造成嚴重、不可挽回的傷害，甚或致死（或是你的孩子受重傷），我的另一本書《陪孩子度過難關》（*Parenting Through Crisis*）談及世上許多家庭和社區在暴力傷害發生後運用和解的正義（reconciliatory justice）的例子。所謂的和解的正義，是展現寬恕的具體行動，也是投身社區服務的療癒行動。它說不定是斬斷冤冤相報的惡性循環的一項利器。它不替暴力找藉口，也不否認霸凌者施加的羞辱，更不否定受害者的尊嚴和價值。它伸張正義，而不延續仇恨。它以正念和慈悲戰勝復仇與報復。和解的正義關心的不是處罰，而是維繫人與人的締結。

在這過程中，我們對霸凌者恩威並施，一方面約束他，一方面以慈悲待他，前者防止他對自己或別人造成更多的傷害，後者則給他時間自省，醞釀和解的契機。這雙管齊下的作法一展開，我們馬上要在兩者之斟酌拿捏，以求平衡，同時也要促使霸凌者和被霸凌者雙方積極參與彌補裂痕的和解歷程，並且在兩造之間維持正向的張力。我們希望恢復校園和諧，最終的目標是把走入歧途的孩子帶回學校這大家庭的懷抱裡，好讓霸凌者知錯能改，正向地參與校園生活。

二○○二年四月，一名被判犯有恐嚇、騷擾罪的少女，同意和被害人家屬一起參與「原住民部落服務的療癒團體」，並交由該團體來決定如何處分。這名少女恐嚇、騷擾十四歲的唐瑪麗，使得唐瑪麗不堪其擾自殺身亡。唐瑪麗的母親建議法院採用這服務性質的療癒團體，因為她對傳統的司法判決沒給加害者家庭和受害家庭溝通了解的機會感到氣餒。該團體所給的處分包括任何可以帶來療癒和修復的行動。第一民族（First Nations，譯注：第一民族為加拿大憲法認定的原住民族之一。加拿大原住民族分三大類別，第一民族即北美印地安人總稱，因紐特〔Inuit〕，即所謂的愛斯基摩人，以及第一民族和歐洲人的後裔梅蒂斯〔Metis〕）大酋長奧維德（Ovid Mercredi）在《激流》（*In the Rapids*）一書裡寫道：「我們派族裡的耆老來對治問題的根源，不只治標也治本，從療癒加害和受害雙方當中來恢復部落的和諧。我們注重的是療癒和復原，不是懲處這敵對的過程……我們的決定都是從療癒、彌補及和解的觀點出發，而不是……處罰、威懾和監禁。」

圖圖大主教在《沒有寬恕，就沒有未來》一書裡也談到同一種正義：「我們堅決主張有另一種正義存在，修復的正義，這是非洲傳統的法哲學。它最關切不是報復或處罰。

非洲烏部圖哲學（ubuntu，譯注：祖魯族話，可以概括理解爲仁愛）的精神，關切的是癒合裂痕，補救失衡，以及修復破裂的關係。」

假使創造一個更爲關懷、更有同情心、較不疏離、較不暴力的社區是我們的目標，我們就得放棄立即的報復、嚴厲的懲處和強硬的刑罰。如果我們的目標是要犯錯的孩子「付出慘痛的代價」，殺鷄儆猴，仇恨和苦痛就會滋長蔓延。霸凌者會受到什麼樣的對待，將影響他將來成爲怎樣的人，也會影響到我們其他人過什麼樣的生活。如果不協助他與社群和解，重新融入，我們等於是把自己終身囚禁在恐懼、懷疑和暴行之中。

當一整個社群決心採行和解的正義，霸凌者會受到鼓勵，痛改前非。和解的正義的目標是彌補和修復，而非孤立和處罰，目標尋找方法癒合人與人的關係。

社區參與校園改造

有個十三歲男生到同學家過夜時，同學先是嘲笑，繼而圍毆他，最後根據警方和醫生在次日的紀錄，他全身有多處傷口和瘀青。當晚他很害怕卻不敢打電話回家，仍勉強留下來過夜，隔天到了學校還加入那幫同學前晚想出來的活動。在學校一整天，他努力不讓人注意到，直到放學後母親來接他時才放聲大哭，跟母親說起前晚發生的事。

校方行政人員決定和警方聯手展開調查，並表明他們非常震驚，沒料到這種暴力事件竟會發生在教會辦的私立中學內。他們說：「我們會著手調查，如果確實發生，我們會確保它不再發生。全體學生的安全和福祉是我們最優先的考量。」這也許是最優先的考量——很好的政策——但卻沒有妥當的措施來保護遭受霸凌的學生。他請假一天後回學校，發現那幫毆打他的學生開始吹噓那起圍毆事件，並且揚言：「那小子再不閉嘴的話就要他好看。」接下來的幾天，這男生都留在家裡（學校如果沒有立即採取妥當的措施來保護被霸凌的學生，同時對霸凌者予以約束——不管是密切監督、更改他的課表或暫時隔離——遭受霸凌的學生會因爲害怕再次受凌不敢上學而二度受傷）。

很多年紀稍長的學生打電話給遭受霸凌的同學加油打氣，表示要保護他，展現了眞正的見證，而非冷眼旁觀。

他的父母親寫了一封信，寄給兒子班上的每位家長。信寄出後，那幫霸凌者的家長沒有一個出面回應或道歉。洩氣之餘，他們決定對那幫霸凌者提告，希望藉此說服霸凌者及其家長相信這事情的嚴重性。

一旦走上法律途徑，就會激起敵對的局面，雙方不可能坐下來好好談，達成任何的和解。對此，唐瑪麗的母親有最深切的體會。試想，要是雙方都同意參加某種療癒團體，結果會大不相同。加入療癒團體後，滋事的每個男生會承認錯誤，想辦法讓自己不再犯，並且和受害者一起療傷止痛。在如此的環境裡，帶頭霸凌的人要面對的問題、處置和後續追蹤，均有別於自願加入霸凌的人、不想加入卻逼不得已加入或嚇得退到一旁觀看的人。

這個療癒團體也可以納入校方人員，讓他們參與各階段的療癒過程，評估對每個孩子來說最好的處置爲何、持續追蹤以防範類似的事情發生，以及（就一個孩子長時間浸淫其中的最主要社會環境來說）提倡有益的校內活動來癒合裂痕，營造和諧融洽的校園。

後院裡的霸凌者

當霸凌者就在你家後院，恐嚇你家小孩和在院子裡玩耍的同伴該怎麼辦？首先，分清楚那是小孩子一般的口角、起爭執或吵架，還是眞的霸凌，這一點很重要。小孩可以自行處理大半的爭吵，我們也該鼓勵他們自己化解。不過，如果眞的發生霸凌，你一定要介入。用你處理孩子們爭吵打架時採行的策略（見頁134—138）來處理，對霸凌者或遭受霸凌者都有幫助。你可以訴諸孩子天生的長處，邀請他做有益的事：「你那麼壯，來幫我把這植栽從沙地裡移開好嗎？」當他幫你的時候，你可以進行機會教育，讓他知道自己誤用了領導才能，並開導他怎麼用更好的方式發揮這項長才。孩子們玩耍時，特意讓自己在他們的視線範圍內出沒。這就跟校園裡的情形一樣，保護孩子最簡單的方法之一，就是有大人在一旁坐鎭。

若是發生嚴重的霸凌，而你沒辦法讓霸凌者看清他哪裡有錯，你可以請他先回家。如果是發生在學校裡，我建議你馬上讓校方知情。若是發生在家或附近的街坊，你可能要單打獨鬥。打電話給霸凌者的父母時，就像你訴諸孩子天生的長處一樣，也要訴諸他們為人父母的本性：「我很高興你女兒跟我女兒一起玩。今天發生了一件事，我想你會很想知道。我們可不可以找個時間和兩個孩子一起談談？」

對方的父母可能會為女兒辯護，合理化她的行為、認為那沒什麼大不了或找藉口。記得，就像你教孩子的，這互動關係你只掌控一半——你沒辦法要對方父母叫他們的女兒為霸凌行徑負起責任，但你處理的方式將大大影響他們對你的回應。你不是在攻擊他們的孩子，是要解決某個問題，而且想提供奏效的辦法。會面結束時，你會更清楚下一步該怎麼做。最理想的是，解決方法包含了給對方女兒另一次到你家裡玩的機會。萬一達不到共識，你也許要堅持，在一段時間之內她不能來你家找你女兒玩了。這是最不樂見的結果，但有時候就是必須這樣做。你可以讓對方父母知道，你很想找到一個大家都滿意的作法，過一陣子之後，你會再了解看看有沒有其他可行之道。時間和距離往往會讓對方父母改變看法，讓那女兒言行收斂些——尤其這段期間內，如果又有別的家長跟他們抱怨他們的女兒的行徑。

有時候，找其他的家長一起，用尊重而篤定的方式表達你們的關切，也很有幫助。

不過你若是「聯合其他家長一起槓上」霸凌者的父母，激烈抨擊他們女兒的不是，對誰都沒有好處。和其他家長一起站出來，你們可以保護孩子的安全，同時也幫霸凌者調整自己，好讓他以有益的新方式和街坊鄰居相處。在這段期間，跟你的孩子談談怎麼捍衛自己、如何告知大人有危險情境出現，乃至於以尊重的態度對待霸凌者很重要。當我們以寬容、智慧、明辨、仁愛和慈悲回應，當我們減輕他人所受的苦，給予同情與同理，我們就是在創造溫暖的社區，給社區裡的孩子們一個安全的港灣。

改寫腳本

我希望讀到這裡，你對霸凌者、霸凌者和旁觀者這些角色，以及他們在霸凌戲碼裡如何互動，有更清楚的了解。事實上，參與這戲碼的孩子個個受害不淺。我們身爲父母和教育者可以改寫這腳本，創造另一種無須虛僞矯飾、沒有暴力傷害、更爲健康的舞台。懷著關愛與決心，我們可以把霸凌者的行徑重新導向正面的領導表現，把遭受霸凌的孩子毫無攻擊性的行爲看成是可以加以表揚、發揮的優點，把旁觀者的角色轉爲願意挺身而出、仗義直言、抵抗不公不義的見證人。這任務艱辛無比，令人怯步，但是非做不可。

當美國的農場工人串聯起來，爲了爭取他們身爲人的尊嚴與價值、合理的薪資和生活條件，面臨看似無以克服的障礙時，民權領袖凱薩・查維斯（Cesar Chavez）激勵他們說：

「是的，我們辦得到。」打破暴力的循環，營造更寬闊的關懷互助網絡，是的，我們辦得到。

絕不要懷疑一小群思慮周到、有決心毅力的人民可以改變世界。事實上，世上的任何改變都是如此產生的。

——瑪格麗特・米德（Margaret Mead）

【第十章】網路霸凌

聊天工具之類的即時通訊、部落格和交友網站充斥著憤怒，誰料得到日新月異的科技明天會帶來什麼？這無關科技，而是怎麼使用科技。父母親的職責是幫助孩子和媒體科技建立良性的關係，好讓他們理性地判斷要參與什麼樣的活動、如何呈現自己、哪些人可信，以及何謂道德或不道德。

——詹金斯（Henry Jenkins），
麻省理工學院比較媒體研究計畫主任

近幾年來，高科技產品迅速推陳出新，改變了我們生活的基本結構。根據凱瑟家族基金會（Henry J. Kaiser Family Foundation）針對兩千名、八至十八歲的孩子所做的調查發現，孩童同時使用兩種媒介工具——邊看電視邊上網，邊聽音樂邊傳簡訊——的情況相當普遍，使用時間每天高達八點五小時，平均是六點五小時。孩子們每天一睜開眼，便插上插頭，打開開關，瀏覽鎖定，從週一到週五共計約有四十五小時在使用媒介工具。

科技界定了孩子的現實，也對孩子帶來無以倫比的影響，影響他們成爲什麼樣的人，以及他們實際上棲居其中的天地。科技的力量巨大而深遠，我們承擔不起放任孩子成天暴露在這些媒介之中所帶來的後果。

我們的孩子透過網路、手機在全球社群裡遊歷冒險。在媒介如此飽和的年代，童年的本質正在改變，霸凌的本質也不例外。長久以來，霸凌者總是利用言語、肢體或人際關係這類低科技的工具作惡，如今他們也使用高科技工具來恐嚇、盯梢、戲弄、羞辱、嘲笑和散播流言。

十四歲的唐瑪麗在二〇〇〇年終自殺之前聽到的最後一句話，是凌虐她的人在她手機裡的留言：「你死定了。」

英格蘭厄斯坎一名十四歲男生在二〇〇五年的五個月當中，遭霸凌者欺負超過上百次。有一回，他被「摑巴掌摑到爽」，全程被幾個在一旁觀看的同學用手機錄影下來。他的父母親對校方表示不滿時，孩子承認他之前曾割腕企圖自殺。

一名家住麻州的十幾歲霸凌者，把一位十六歲男生的姓名和住址公佈在某個專替男性獵艷的網站後，從對街觀看形形色色的男人在那男生家附近流連徘徊，等著他想必是事先在網路上敲定的約會。

二〇〇二年，有人——很可能是安大略省伯靈頓市的一位高中生——架設了一個網站，取笑另一個高中生。很快地，網站上便充斥著仇恨的言詞和不入流的字眼，而被攻擊的高中生，在學校裡已經遭嘲笑、毆打好幾年。網路霸凌對他的羞辱才是最不堪的。他說：「那不是幾個人在學校餐廳裡看見你被羞辱，而是有六十億人！只要有電腦的人都會看到，而你根本無處可逃，即便從學校回到家，也擺脫不了，沒有喘息的機會，我覺得自己被全世界圍剿。」高中的最後一年，他是在家裡完成學業的。

二〇〇三年四月，魁北克三河鎮一名十五歲的學生，用攝影機自拍星際大戰的打鬥畫面。有位同學發現，找來另一位同學一起看，後者把影片上傳到學校電腦裡「開開玩笑」，結果在全校學生的電子信箱裡流傳開來。之後有學生架設網站，再把影片掛了上去。一個月之後，一個掛上這部影片的部落格聲稱，它在兩分鐘之內被下載了一百一十萬次。在法院一份文件上，記錄著另一個網站截至二〇〇四年十一月為止，已經累計了七千六百萬瀏覽人次。

他變成了全世界的笑柄，學校生活更是悲慘，同學們經常嘲笑侮辱他，他說霸凌讓他變得非常消沉，沒辦法上學。「這一切讓我完全受不了。」他的父母親對三名同學提起告訴，二〇〇六年四月六日，雙方達成了庭外和解。

二〇〇三年十月，佛蒙特州艾斯克斯強克遜一名十三歲的男生自殺身亡。他的同學自小學五年級起不斷欺負他。國一那年，同學在網路上捏造不堪入耳的性謠言中傷他。

他的成績一落千丈，開始花很多時間坐在電腦前。這男生自殺之後，他的父母才發現，兒子生前經常利用即時通和一位鼓勵他自殺的少年聊天（遭受霸凌的青少年很容易在網路上結交到鼓吹，或是慫恿他做出不健康、有傷害性或反社會行為的青少年或成年人，讓自己暴露在危險之中）。

傑弗瑞・魏斯在網路聊天室寫道：「我白痴到竟然相信事情會改變，我開始很後悔留在這世界，我上次應該用剃刀迅速了斷自己的。」「要拿槍抵著自己，面對死亡，要很有勇氣。知道你們都會跟著我死，我得要狠下心腸，但我不在乎你們是誰。」「……現在有點撐不下去了，我也許會突然間消失不見。」最後一次上網不久後，二〇〇五年四月，傑弗瑞跟踪、獵殺明尼蘇達州紅湖高中的同學，最後自殺。

二〇〇五年六月二十九日，佛羅里達珊瑚角的一名十五歲男生，遭受同班同學在網路上長達兩年的凌辱後，上吊身亡。那些同學說他「人盡可妻」，用粗俗不堪的性字眼污衊他，並且放話：「他非死不可。」他尋短的前一晚寫了一封電子郵件給在網路遊戲上認識的加拿大朋友，說：「我活不過國二這一年。」

二〇〇六年二月，加州科斯塔梅沙一所中學的二十名學生被處以留校察看，原因是他們在交友網站上以反猶太言論攻訐某同學，還揚言要殺害另一位同學。發表這些言論及涉嫌恐嚇的學生，除了接受兩天的留校察看處分外，將面對刑事起訴和退學。

二〇〇六年四月，加州棕櫚泉有位學生把一名十五歲女生的照片張貼在交友網站上，照片旁附上了一些色情圖片和猥褻文字。受害的女生說：「這對我很不公平，我甚至不敢上學，不能正常過生活……」

霸凌的特點隨著電子科技的使用被放大了。匿名甚或不具名的網路傳播方式，讓霸凌者更可以毫無忌憚、隨時隨地凌遲他鎖定的目標。在網路霸凌領域享譽國際的知名律師、學者和教育者南西・魏勒（Nancy Willard），在〈對付網路霸凌和網路恐嚇——教育者指南〉（An Educator's Guide to Cyberbullying and Cyberthreats, www.cyberbulling.org）一文裡寫道，網路霸凌造成的傷害可能比大多數其他形式的霸凌大得多，理由如下：

- 網路的言論可能極其惡毒。
- 遭受網路霸凌的人無處可逃——傷害是每天二十四小時持續不斷的。
- 霸凌的內容可以散佈到全世界，而且往往是一發出去就永遠刪不掉。
- 網路霸凌者可以匿名，並誘引不知名的「友人」加入。

網路霸凌常結合其他形式的霸凌，或者是霸凌的開端。透過手機、即時通、電子郵件、部落格、誹謗性的個人網站、網誌、線上檔案、線上個人投票網站或互動式遊戲（線上遊戲），霸凌者看準了網路的匿名性特質，肆意地胡作非爲。他們看不到被霸凌者當下的反應，往往不覺得自己該負責任。他們很容易從不知名的電子信箱、第三人的網站、學校或公共圖書館的電腦，抑或被丟棄的手機發送訊息。

霸凌者會利用和種族、性別（包括性傾向）、宗教、身體特徵或心智能力有關的偏見或成見，來合理化他對某個小孩或某一群小孩的輕蔑。這輕蔑的態度是任何形式的霸凌的動力，包括網路霸凌在內。一旦霸凌者對某個同學心生輕蔑，他可能什麼事都做得出來，而且毫無同情心，也不會對自己的行為感到羞恥。他只消簡單敲幾下鍵盤就可以毀掉某個同學的名譽，或出言恐嚇，將快樂建築在別人的痛苦上。可以在匿名的情況下為非作歹，加上有廣大的觀眾跟著起鬨，往往讓霸凌者更膽大妄為，做出比和被霸凌者面對面的情況下更傷天害理的事。

就如面對面的低科技性霸凌是校園暴力最普遍的一種形式，對少男少女來說，高科技的性霸凌也是網路世界裡最廣泛的一種暴力。美國女童軍團（Girl Scouts of America）在二〇〇二年由惠特妮・羅奔博士（Whitney Roban）所進行的一項研究「網路效應：少女及新媒體」（The Net Effect: Girls and the New Media）指出：百分之三十、年齡介於十三至十八歲的一千名女生表示，她們在聊天室裡有過被騷擾的經驗，內容包括被迫看男人的裸照、被問諸如胸罩尺寸之類的個人隱私、被要求進行網路性愛。被騷擾的女生當中只有百分之七的人告知父母親，有百分之三十的女生從沒跟人提起過。性霸凌傷及我們身為人的核心，帶來可怕的後果；網路的性霸凌會使羞辱和傷害加倍放大。

手機霸凌和網路遊戲

孩子利用手機跟爸媽及同學保持聯絡，但手機就像其他電子產品一樣，也可以被孩子用來當霸凌的工具。市面上形形色色的手機，事實上都像功能強大又小巧無比的掌上型多媒體電腦，孩子可以用它來打電話、透過交友網站聊天、傳簡訊或傳播附有圖片和影片的多媒體訊息、瀏覽網路、下載歌曲，甚至看電視。

根據資料顯示，有小至五歲的兒童遭人用手機霸凌，或霸凌同學、手足。事實上，手機是小學生霸凌的首選工具。父母親和老師往往會密切監督年幼兒童用電腦的時間，但對於使用手機，就沒那麼提高警覺。高年級同學通常會用手機和網路來鎖定對象。他們使用的招數如下：

- 在語音信箱裡留下辱罵、污衊、恐嚇的話。
- 傳送辱罵、污衊、恐嚇的簡訊。
- 打不出聲的騷擾電話。
- 盜用身分：在某個網站上盜用對方的姓名和電話留言，好讓對方惹上麻煩；或是冒用對方的身分散播謠言，或煽動其他人來報復被冒用身分的無辜的人。

● 偷用對方手機打大量的電話、傳大量的簡訊，好讓他的帳單飆漲。

● 相片霸凌——用手機拍下對方遭羞辱或求饒的相片或影片，傳給通訊錄裡的每個人，並把相片貼到檔案分享網站上，好讓所有人下載或觀賞。

你可以從教孩子使用手機的基本禮節開始防範起，跟孩子聊聊使用手機相伴而來的權利和義務。不過父母和老師也必須警覺到霸凌者使用手機作惡的一些招數，濫用手機就跟濫用其他電子產品一樣，使用權會遭到限制。

此外，藉由遊戲機和全世界網友一起玩遊戲或相互較勁的線上遊戲，也暗藏著霸凌危機。經常流連在線上遊戲的網路霸凌者，會從遊戲當中鎖定對象，進行恐嚇威脅，或入侵對方的帳戶。

線上遊戲並非全都是暴力的，但涉及暴力的線上遊戲對霸凌者、被霸凌者和旁觀者都會造成莫大的衝擊。這類遊戲不僅把暴力視為正常，將它變成稀鬆平常的事，把他人設定為敵人、獵物或攻擊目標來狙擊或捕殺，他們甚至在玩家的大腦裡打造了將暴力和愉悅及獎賞連結在一起的神經通路，而不是把暴力和恐怖、悲傷和同理心連結在一起。

無論網路霸凌是透過手機還是任何其他的電子媒介，雙管齊下、多管齊下，防治的第一步，就是禁止霸凌者使用那些電子媒介。接著父母和老師可以用頁131的方法來感化霸凌者，使之負起責任、洗心革面。

這約束管教的過程是建設性而滿懷慈悲的，它不只考慮到霸凌者的意圖及霸凌的嚴重程度，同時也關照到修復的步驟，好幫助霸凌者和同儕面對面接觸時，以及在虛擬世界裡，多多表現出助人行爲。

幫助被霸凌者

就像這一章一開頭描述的那些案例，在網路世界遭受霸凌是很可怕的事，有時候還會鬧人命。遭網路霸凌的孩子所顯露的徵兆，和遭受其他形式霸凌的孩子所表露的很類似，不過，前者在情緒及課業上和先前的落差更大，他們的心情會溜滑梯似地陷入低潮，消沉不已，或者顯現病容，甚而身體不適，成績也會一落千丈。之所以如此是因爲，他們完全沒有喘息的機會。遭低科技霸凌的目標，放學回家可以暫時得到休息，甚至可以留在家不上學。網路霸凌隨時隨地發生，讓低科技霸凌的受害者三緘其口的理由，對於遭網路霸凌的孩子來說也成立：

- 他們覺得遭到霸凌很可恥。
- 他們擔心會遭到報復。
- 他們覺得誰都幫不了他們。

● 他們覺得沒人會幫他們。
● 他們誤以為遭到霸凌是成長的必經過程。
● 他們相信大人也認為霸凌是成長的過程——而且大人也在霸凌小孩。
● 他們學到「告密」是很糟糕的。

不過，遭到網路霸凌的孩子還會有另一種恐懼，那就是萬一讓爸媽知道的話，手機會被沒收，再也不能碰電腦。你可以事先跟他們保證你不會這樣做。

防範於未然是很重要的。你要事先教育孩子如何面對網路霸凌，一旦孩子對網路霸凌者有所反應，不管那反應是消極的、具攻擊性的，甚或是篤定自信的，情況往往更糟。和霸凌者面對面時，自信的回應往往可以制止他。但是應付網路霸凌，這方法可就不管用了。你可以教孩子四大步驟：

● 停止。別回應網路霸凌者。被霸凌者往往會出於憤怒或受傷的感覺而有所回應，但回應只是火上加油，進一步刺激霸凌者而已。況且，任何的回應都可能被對方用來當證據，讓當局誤認，是被霸凌的一方先挑釁，或者被斷章取義，扭曲拼湊成「替你說出心裡的話」。
● 存檔。將所有的文字和圖片存檔，儲存手機裡的簡訊和留言。

● 攔阻。啟動即時通和電子信箱的通訊錄裡攔阻或篩除聯絡人的功能。

● 告知，某個可信賴的大人。

倘若網路霸凌者涉及恐嚇或手法惡毒，你也許需要採取以下步驟：

1. 更改電子信箱、帳號、用戶名稱、電話號碼或／和保存手機使用者身分辨識資料的智慧卡（SIM卡）。
2. 將詳細的情形告知校方。
3. 告知網站站主、網路服務業者或手機門號的電信公司。
4. 如果網路霸凌涉嫌犯罪的話可以報警處理。根據加拿大的犯罪法，致使對方擔憂自身安危或周遭他人安危的言論，皆屬犯罪。此外，刊登「誹謗文字」、發表蓄意侮辱對方或傷害對方名譽的言論，致使對方遭受仇恨、輕蔑或戲弄，也屬違法。要是霸凌者散播和種族、國族、膚色、宗教、年齡、性別、性傾向、婚姻狀態、家庭狀態或殘疾有關的仇恨和歧視，也會觸犯加拿大人權法（Canadian Human Rights Act）。其他涉及不法的行為還包括：以暴力恐嚇、傳猥褻的簡訊、盯梢他人圖謀不軌、種族歧視的霸凌、性霸凌、編輯或傳送性愛圖片，抑或（在衣物間或浴室）偷拍他人。

5. 聯絡律師。你可以向霸凌者及其父母尋求財務損失的賠償。

大半的霸凌都是在大人的「視線之外」發生的，孩子們通常不太敢說出來。網路霸凌不只是發生在大人視線之外，而且是全面入侵孩子的生活，致使孩子陷入無以招架的孤立之中。我們必須讓孩子相信，我們很可靠，可以當他們有力的後盾，也會採取行動——如果他們願意讓我們知道。不過，最最重要的是，他們必須知道，我們懂網路霸凌是怎麼一回事，了解這種事有多麼可怕，而且有辦法對治它。

旁觀者

就像面對面的霸凌情境裡，旁觀者有很多種角色：跟隨者、積極的同夥、消極的同夥、冷眼的旁觀者或受驚嚇的潛在見證者，同樣地，這一類人也可能出於自願或在不知不覺中當了網路霸凌者的幫兇。他們可能會跟著瞎起鬨、散佈流言八卦、架設網站進一步製造傷害、從看別人受苦找樂子和袖手旁觀；也可能怕得不敢參一腳，擔心自己會不會是下一個受害者。

網路霸凌者會利用旁觀者當所謂的「替死鬼」。他會唆使其他人傳送挑釁或羞辱的言詞給他鎖定的目標，或用不實的流言或指控、挑撥旁觀者，讓旁觀者發動攻擊。用這

「借刀殺人」伎倆的霸凌者，一旦見旁觀者被逮到時，總是狡猾地聲稱自己無辜。

有時候網路服務業者，譬如MSN，也會遭網路霸凌者設計，淪爲幫兇。網路犯罪專家佩瑞・阿夫塔（Parry Aftab）描述了這類的情況（www.stopcyberbulling.org）：

> 「警告」和「通報」即是業者淪為幫兇的陷阱。孩子會在即時通、電子信箱或聊天室網頁上按下「警告」或「通報」鍵，告知網路服務業主有人做出違法的行為。一旦那人收到夠多的警告，他的帳號就會失效。因此網路霸凌者只要把受害者激得發火，讓他用粗魯或憎恨的言詞回擊就行了。一旦受害者中計，賓果！網友們就會按下警告鈕，讓整件事看起來像是受害者挑起的。於是，網路服務業主就成了遭霸凌者設計的無辜幫兇。所幸網路服務業者已經警覺到這類的濫用，往往會去了解「警告」內容的真實性。

霸凌者也會設計受害者的父母或學校人員當他的幫兇，他只要激怒受害者，把受害者的回應傳給他的父母或校方人員就行了。大人會因此誤以為，真正的霸凌者是受害者。

更可怕的情形是——有時會鬧人命——霸凌者把被霸凌者的手機門號、用戶名稱和住址公佈在某個言論偏激的社群網站上、色情聊天室，或掛在他們的留言板上（要是你的孩子被如此陷害，一定要馬上採取法律行動，因為孩子的安危堪憂，那些社群的人可能隨時在網路上搜獵你的孩子，甚或真的找上門來）。

從旁觀者轉為見證人

在霸凌者面前捍衛自己或保護受害者並不容易。不過，就如我們有許多勇敢的方法對治眞實生活裡的霸凌者，在網路世界裡也一樣。當父母或老師的你可以教孩子下列的方法：

- 別在某個部落格或網路民調上加入抹黑某人或中傷某人的行列。一發現有這類的情況，立即離線或關閉網站。
- 別編輯或轉寄貶損、傷人的文字或圖片。
- 發現有網路霸凌的情況，將內容儲存並列印出來，交給受害的當事人，好讓他提高警覺。以關懷而支持的方式提供這類訊息，可以幫助被霸凌者減少孤立和孤單的感覺。
- 告知你信賴、有愛心的大人，他們不會讓你的身分曝光、會採取行動支持被害者，而且讓霸凌者負起責任。

孩子必須相信，告知大人之後情況會好轉。孩子跟你通報後，你要跟他們談談他們可以做些什麼，而你又打算怎麼做。要是你的孩子求你別插手，聽聽他們擔心什麼，並且讓他們知道，你擔心若不採取行動可能會有的後果。坐視不管絕不是選項。

網路社群

連上網路就像打開大門，進入一個新奇、廣闊無邊的世界。有些父母只看到網路世界醜陋駭人的一面，所以決定家裡不接網路。有些父母則是嚴格管控孩子玩電腦，嚴格限制上網的時間，不管孩子年紀大小、敏不敏感、有何才能、需求如何。

也有些父母對網路世界一無所知，甚至不想學電腦，放任孩子在大街小巷的網咖裡遊蕩。當然也有父母承認自己對電腦一竅不通，但願意虛心學習，讓自己起碼和孩子懂的一樣多，或更多——尤其是在網路安全和網路規範等方面。他們體悟到，網路當道，教孩子善用電腦並保護自己的安全才是上策，而這教育過程需要的技巧，和維護良好親子溝通和互動關係所需的技巧是相通的。

如果你正閱讀這本書，你大概屬於希望善用網路的那一型父母。首先，你要搜集最新資料。坊間有很多好書論及教孩子上網學習、保護孩子安全上網及網路糾紛的協商。

我建議你到書局走一趟，或跟老師、其他家長聊一聊。如果你做得到的話，不妨上網搜尋相關資源。你的孩子多半是個電腦通，也可以請他教教你，學學網路世界的語言和文化。你的孩子申請了用戶名稱，設定了密碼，上了即時通訊和聊天室之際，很多新的社群正等著他們加入，你知道它們的性質嗎？

就像你教孩子生活上的責任、如何做決定，而你，會在他們展現出能力和自信，逐漸成爲負責任、有智謀、有彈性的人，並且秉持正直、謙恭和仁慈爲人處事時，放寬對他們的約束限制。同樣地，你也要教孩子在網路世界裡闖盪遊歷的規矩與道理。

如同年幼的孩子剛開始走入街坊之間和鄰居玩耍時，你一定會密切注意他的安全一樣，孩子初進入網路世界探索時，你也要花心思留意，給一些叮嚀與建議，教他曉得遇上意外的侵擾或網路霸凌時如何因應。只要你持續教他們一些技巧，諸如遇上有人「搧風點火」惹惱你該怎麼辦（寄言詞煽動的電子郵件，存心激怒、傷害），或是他上聊天室感覺不舒服時該怎麼辦，那麼隨著他慢慢長大，他就有能力適當地回應網路上發生的事。你可以教他們按下「送出」鍵之前要三思，而且絕不參與網路霸凌。

孩子開始在網路世界探索時，父母親在心靈及肢體上和孩子親近很重要。隨著孩子慢慢長大，做父母的也要密切留意，他們上網時都在做些什麼，花多少時間上網。認識孩子交的網友，就像你會去認識孩子在學校交的朋友一樣。找方法和孩子保持溝通，找機會和他們聊聊日常生活、和朋友相處的情況。假使你的孩子願意跟你分享所有的好事、壞事、醜事，假使你教他們如何在網路世界保護自己，他們會更有能力應付網路的狀況。預防性的教導和叮嚀，比一味的限制和禁止對孩子更有益。願意參與孩子的生活，經常和孩子溝通交流，知道孩子每天的動向和交友情況的爸媽，他們的孩子比較不會在學校或網路上惹上麻煩。

政策、程序和方案

雖說大半的網路霸凌都發生在校園之外，但它對學生和校園環境依然帶來負面的衝擊，在全球校園裡引發無數暴力事件，包括謀殺和自殺。如果你孩子的學校已經有反霸凌政策，處置霸凌者、被霸凌者和旁觀者的妥切程序，以及打破暴力循環、營造關懷包容的環境的方案，確保這些政策、程序和方案也涵蓋了網路霸凌：

- 政策必須列有反網路霸凌及其他形式霸凌的規章。學校必續讓學生和家長清楚明白，校方「絕不容許任何形式的網路霸凌」的立場。
- 以修復的正義為原則的程序，它可以視個別的問題、情況，調整出可行的解決辦法，以彌補網路霸凌造成的傷害——尤其是「上傳的內容是公開的，而且永遠無法從網路上消失」的這方面傷害。

● 方案必須陳述何謂網路霸凌、它如何影響學生、當學生發現自己被網路霸凌者盯上或有同學被盯上時該怎麼辦，以及學生如何以有創意、具建設性、負責任的方式使用網路。

我們需要的是以學校爲主、社區爲輔的全面措施。大人們也必須時時再教育自己，多多了解低科技和高科技霸凌的危險，以及E世代孩子所浸淫的高科技世界，好幫助孩子正面地利用它豐富人際關係和社交生活。

孩童和少年也許精通網路，但是他們對於人生，以及如何安全而負責任地決定，還是有很多不懂之處。他們有時候會做出冒險的事。你的孩子已經是或即將是「科技專家」。然而身為父母親的你依然是「生活歷練」和「風險管理」的專家。打造一個親子之間可以聊聊網路議題的互動關係非常重要。

——南西・薇拉德

《教養精通網路的孩子》（*Raising Cyber Savvy Kids*）

反霸凌宣言

我們＿＿＿＿＿＿全體同學，願意團結一致，杜絕校內霸凌事件。

我們相信，校園內所有人都是平等的，都應該感到安全、安心和被接納，不分膚色、種族、性別、人緣、體育表現、智力、宗教和國籍。

霸凌的言行包括推撞、毆打、謾罵、侮辱、找碴、愚弄、嘲笑或排擠他人。霸凌者帶給被霸凌者的痛苦與壓力，是絕對不能用「小孩子都很皮嘛」、「不過是鬧著玩而已」，或其他似是而非的說詞來辯解或讓它變得合理。被霸凌者盯上不是受害者的錯。

當我們簽署這項宣言時，身爲學生的我們保證：

1. 看重個體之間的差異，用尊重的態度對待彼此。
2. 絕不參與霸凌行徑，也絕不變成欺負弱小的惡霸。
3. 了解學校的反霸凌政策，遵守相關校規。
4. 一發現有霸凌事件發生，立即向師長通報。
5. 在師長看不到的校園死角，譬如廁所、走廊和樓梯間，一定會提高警覺。
6. 支持被霸凌過或容易被霸凌者盯上的同學。

7.如果對霸凌有任何疑慮，一定會找老師或父母談一談。
8.和同學及老師攜手合作，幫助校方有效地防範霸凌。
9.請老師在課堂上討論霸凌的議題。
10.當低年級學生的好榜樣，看見低年級學生遭受霸凌時會站出來幫助他們。
11.積極參與反霸凌活動，貢獻一己之力。

我同意以下的陳述：不論我是受到欺負還是看見別人被欺負，只要我知情不報或沒有挺身而出聲援弱勢，我就是霸凌者的共犯。

簽名：

日期：

延伸閱讀

- 《培養快樂而強韌的孩子：快樂教養的智慧與十大秘訣》（2011），Christine Carter, Ph.D.，晴天出版社。
- 《走進小孩的內心世界：教養專家河合隼雄解讀孩子的心靈密碼》（2011），河合隼雄，天下雜誌。
- 《終結霸凌：洞察孩子內心世界，打破霸凌的惡循環》（2011），王美恩，天下雜誌。
- 《別找我麻煩：37個幫助孩子勇敢面對霸凌的好對策》（2011），Susan Eikov Green，天下雜誌。
- 《你的孩子被霸凌了嗎？：守護你的孩子遠離校園暴力》（2010），李巍編著，驛站。
- 《亞斯伯格症與霸凌問題：解決策略與方法》（2010），Nick Dubin，心理出版社。
- 《暴力校園：學生趨吉避兇的潛規則》（2010），林啓文，稻田。
- 《酷凌行動：應用戲劇手法處理校園霸凌和衝突》（2010），J. O，Toole、B. Burton & A. Plunkett，心理出版社。
- 《隱私不保的年代：網路的流言蜚語、人肉搜索、網路霸凌和私密窺探》（2010），

Daniel J. Solove，博雅書屋。

- 《無霸凌校園：給學校、教師和家長的指導手冊》（2009），Mona O' Moore Stephen James Minton，五南出版社。
- 《教室裡的惡魔》（2009），山脇由貴子，平安文化。
- 《在愛裡相遇：做個好大人，給孩子一份沒有虧欠的愛》（2009），蔡穎卿，時報出版。
- 《教養可以這麼浪漫》（2008），李偉文，野人。
- 《孩子必須學習的價值觀》（2007），Harriet Heath，新苗。
- 《媽媽是最初的老師：一位母親的十年教養札記》（2007），蔡穎卿，天下文化。
- 《幫忙孩子說出心裡話》（2005），Ron Taffel、Melinda Blan，新苗。
- 《怪女孩出列》（2003），瑞秋・西慕，商周出版。
- 《拒絕校霸，快樂上學》（2002），Michele Elliott，新苗。
- 《惡霸來了，怎麼辦？》（2002），崔佛・羅曼，新迪。
- 《教養的迷思》（2002），茱蒂・哈里斯，商周。
- 《槍響之後：打造免於恐懼、樂在學習的校園》（2001），艾略特・艾倫森，天下雜誌。

愛的開顯就是恩典，
心的照顧就是成長；
親子攜手，同向生命的高處仰望，
愛必泉湧，心必富饒。

GrowUp

越旅行越裡面
【結構一條人尋找自己的創意途徑】
作者—陳文玲　定價—350元

本書是作者六年來追尋創造力的紀事，不只有國內外創意名家的見解，也提出作者自身的質疑和反思；不只是創意教學的建議，更現身說法自我開發創意的訓練途徑。

找阿寶，玩創意
集體創作—陳文玲、〈找阿寶〉團隊
定價—680元

最初，阿寶只是一個大學老師的中年花蓮夢。後來，一群人畫圖寫詩跳舞演戲，創造了〈找阿寶〉工作坊，用夢來玩創意。內附60張阿寶創意卡，和一套往自己裡面開發無限可能的方法。

走進泥巴國
作者—張娟芬　定價—340元

長期關注台灣社會，致力於女性、同志、原住民等弱勢族群議題的張娟芬，以本書開拓她的寫作生涯，遠赴佛教小國尼泊爾，融入當地生活，從旅途見聞及自然書寫中描繪尼國的政經變化、庶民生活及人文概況。

尼泊爾，花花巴士
圖．文—陳斐翡
攝影—尹珪烈　定價—260元

背包客陳斐翡再度上路，她還要帶回許多可愛的塗鴉插畫，和悠遊緩慢的旅途記事。書上除了必備的旅行資訊，還收錄了作者的韓國籍先生尹珪烈的攝影作品，帶你的心飛向尼泊爾！

不旅不行，拉達克
圖、文—陳斐翡　攝影—尹珪烈
定價—320元

繼《尼泊爾，花花巴士》後，作者延續女性觀看世界與自我追尋的主題，以清新自覺的文字、細膩的手繪圖及敏銳影像，將拉達克的生活場景漸次開展。

管他的博士學位，跳舞吧
作者—蔡適任　定價—250元

人類學博士蔡適任為尋找生命出口，一頭栽進千姿百媚的東方舞（俗稱肚皮舞）世界。這場身體探險，喚醒她沉睡已久的肢體，層層打開潛藏的情感，尋得身心真正的平衡與自由。

哈利波特與神隱少女
【進入孩子的內心世界】
作者—山中康裕
譯者—王真瑤　定價—260元

作者長年鑽研榮格心理學，也是長期關心孩童的臨床醫師。他以「哈利波特」與「神隱少女」兩部電影為題材，討論故事中的人物及情節，帶領我們深入探討現代孩子的內心。

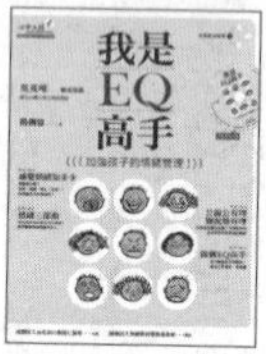

我是EQ高手（書+光碟）
【加強孩子的情緒管理】
作者—楊俐容　定價—500元

本書目標在於加強孩子的情緒管理能力，以「感覺情緒知多少」、「情緒三部曲」、「公說公有理，婆說婆有理」及「做個EQ高手」四個單元，介紹EQ的基礎概念和實用秘訣。

我真的很不錯（書+光碟）
【提升孩子的自我概念】
作者—呂俐安、黃瑞瑛、張黛眉、楊雅明
楊俐容
定價—500元

本書內容分為「魔鏡魔鏡我問你」、「我的情緒面面觀」、「人在江湖」及「我的未來不是夢」四個單元，介紹自我的概念。

我好，你也好（書+光碟）
【增進孩子的溝通技巧】
作者—楊俐容　定價—500元

《我好，你也好》的目標在於加強孩子的溝通技巧，分別以「本尊與分身」、「我的分身面面觀」、「一樣米養百樣人」、「做個小太陽」四個單元，介紹溝通技巧的基礎概念和實用秘訣。

我是解題高手（書+光碟）
【激發孩子解決問題的能力】
作者—呂俐安、張黛眉、黃瑞瑛、楊雅明
楊俐容
定價—500元

本書著眼於「問題解決」，架構父母協助孩子以及教師協助學生健康成長的基礎，讓孩子們在活潑生動的遊戲中學習，並建立「如實的自信心」。

給媽媽的貼心書
【孩子、家庭和外面的世界】
作者—唐諾．溫尼考特　審閱—王浩威
譯者—朱恩伶　定價—360元

本書是兒童精神分析大師溫尼考特醫師在英國國家廣播公司的系列講座，1964年出版至今仍為父母必備的育兒指南。

心靈工坊 PsyGarden

直探宇宙隱藏的跳動
承受如夢召喚的牽引
走過遠方驚喜的記憶
迎向生命更深的信息

Living

美好五分鐘
【平靜專注的一百則練習】

作者—傑弗瑞．布蘭特力、溫蒂．米爾斯坦
譯者—許桂綿　定價—250元

結束忙碌的一天後，你是否只能倒?在床，心裡卻有一股說不出的不滿足？你是否常常覺得負荷過重、壓力過大？杜克大學整合醫學中心「正念減壓計畫」的總指導布蘭特力博士，提供了非常簡單又特別的方法，來幫助人們達成有效而恆久的改變。每個早晨花五分鐘，選一則練習來做，就能為平靜、滿足的一天定調。

植物的療癒力量
【園藝治療實作指南】

作者—米契爾．修森
譯者—許琳英、譚家瑜　定價—280元

加拿大首席園藝治療師，以自身35年實務經歷，幫助讀者理解什麼是園藝治療、如何開始自己的園藝治療和完成計畫。對初入門的園藝治療者而言，這是一本能給予新手信心的入門手冊，而書中的諸多創見，也能讓資深實務工作者獲益良多。

山的禮物
【複雜人生的簡單智慧】

作者—艾蓮．麥達
繪者—羅德利克．馬肯維
譯者—黃玉華　定價—250元

作者從一趟難以預料的艱苦背包客之旅，在體驗中發現生命的實像。山，成為面對人生繁複實像的隱喻。

在廟口說書

作者—王浩一　定價—380元

台南通王浩一再度登場！這回他化身說書人兼導遊，藉著圖文並陳來向讀者細細講解四十處古蹟的身世，幫助讀者重新發現掩藏在古老牆垣屋簷下的點點滴滴，以及台南何以為府城的歲月風華。

慢食府城
【台南小吃的古早味全紀錄】

作者—王浩一　定價—350元

10個節令的典故與應景食品！114家超美味的實力店家！50種小吃的精彩有趣故事！手繪台南舊城古蹟與小吃地圖！本書絕對是帶你慢食府城，深入品味古都文化的絕佳導引！

走進園藝治療的世界

作者—黃盛璘　定價—300元

盛璘說這本書是一趟中年歐巴桑的學習之旅，但我們卻還看到她對自我的誠實、對大自然的熱愛、對新鮮事的好奇、對弱勢的關心、對環保的認同、對植物和各種藥草的親近親愛……

青松ê種田筆記
【穀東俱樂部】

作者—賴青松　定價—350元

本書是賴青松移居宜蘭四年的田間筆記。白天，他荷鋤下田，與泥巴稻秧為伍；晚上他提筆為文，將歸農心情一一記錄。透過簡樸、勞動、回歸大地的生活，青松說：「我只想好好做田，種出值得等待的幸福滋味！」

愈少愈自由

作者—區紀復　定價—280元

1983年，區紀復辭去高薪工作，也辭退繁華世界的虛無，在花蓮建立心中的「鹽寮淨土」：蓋木屋，拾柴燒飯，挑水取用，提倡簡樸生活。二十多年來，區紀復影響許多人，紛紛在城市中展開他們的簡約生活。

心靈工坊 PsyGarden

SelfHelp 018

陪孩子面對霸凌：父母師長的行動指南

The Bully, the Bullied, and the Bystander: from preschool to high school —how parents and teachers can help break the cycle of violence

作者—芭芭拉・科羅索（Barbara Coloroso）
譯者—魯宓、廖婉如

出版者—心靈工坊文化事業股份有限公司
發行人—王浩威　總編輯—王桂花　執行編輯—周旻君
通訊地址—106 台北市信義路四段 53 巷 8 號 2 樓
郵政劃撥—19546215　戶名—心靈工坊文化事業股份有限公司
電話—02）2702-9186　傳真—02）2702-9286
Email—service@psygarden.com.tw　網址—www.psygarden.com.tw

內文製版—龍虎電腦排版股份有限公司
印刷—彩峰造藝印像股份有限公司
總經銷—大和書報圖書股份有限公司
電話—02）8990-2588　傳真—02）2990-1658
通訊地址—242 新北市新莊區五工五路 2 號（五股工業區）
初版四刷—2018 年 9 月
ISBN— 978-986-6112-03-4
定價—280 元

國家圖書館出版品預行編目資料

陪孩子面對霸凌：父母師長的行動指南
／芭芭拉・科羅索（Barbara Coloroso）／作；魯宓、廖婉如譯.
初版—臺北市：心靈工坊文化，2011 [民 100]面；公分
譯自：The Bully, the Bullied, and the Bystander: from preschool to high school—how parents and teachers can help break the cycle of violence

ISBN 978-986-6112-03-4（平裝）
1. 校園霸凌　2. 學生輔導

527.47

100003506

心靈工坊 PsyGarden 書香家族 讀友卡

感謝您購買心靈工坊的叢書，爲了加強對您的服務，請您詳填本卡，
直接投入郵筒（免貼郵票）或傳眞，我們會珍視您的意見，
並提供您最新的活動訊息，共同以書會友，追求身心靈的創意與成長。

書系編號—SH018　書名—陪孩子面對霸凌：父母師長的行動指南

姓名　是否已加入書香家族？ □是 □現在加入

電話 (O)　(H)　手機

E-mail　生日　年　月　日

地址 □□□

服務機構　職稱

您的性別—□1.女 □2.男 □3.其他

婚姻狀況—□1.未婚 □2.已婚 □3.離婚 □4.不婚 □5.同志 □6.喪偶 □7.分居

請問您如何得知這本書？

□1.書店 □2.報章雜誌 □3.廣播電視 □4.親友推介 □5.心靈工坊書訊 □6.廣告DM □7.心靈工坊網站 □8.其他網路媒體 □9.其他

您購買本書的方式？

□1.書店 □2.劃撥郵購 □3.團體訂購 □4.網路訂購 □5.其他

您對本書的意見？

□ 封面設計	1.須再改進	2.尚可	3.滿意	4.非常滿意
□ 版面編排	1.須再改進	2.尚可	3.滿意	4.非常滿意
□ 內容	1.須再改進	2.尚可	3.滿意	4.非常滿意
□ 文筆／翻譯	1.須再改進	2.尚可	3.滿意	4.非常滿意
□ 價格	1.須再改進	2.尚可	3.滿意	4.非常滿意

您對我們有何建議？

▲您的意見，我們將轉貼在心靈工坊網站上，www.psygarden.com.tw